보이는 복음, 이웃사랑

어떻게 세상의 생명으로 살 것인가?

보이는 복음, 이웃사랑 (워크북)

초판 1쇄 인쇄 2021년 11월 10일
초판 1쇄 발행 2021년 11월 15일

지 은 이 | 김완섭
펴 낸 이 | 오복희

펴 낸 곳 | 기독교신앙회복연구소
등록번호 | 제2018-000044호
등록일자 | 2018년 4월 12일
주   소 | 서울특별시 송파구 마천로 100 C동 402호(오금동)
편 집 부 | 010-6214-1361
관 리 부 | 010-8339-1192
팩   스 | 02-3402-1112
이 메 일 | whdkfk9312@naver.com
연 구 소 | Daum 카페(기독교신앙회복연구소)
디 자 인 | 참디자인

ISBN 979-11-89787-27-1 (03230)

* 이 책은 신저작권법에 의하여 국내에서 보호를 받는 저작물입니다.
  출판사의 협의 없는 무단 전재와 무단 복제를 엄격히 금합니다.
* 한 권 값 8,000원
* 잘못된 책은 교환하여 드립니다.

예수마음제자훈련 :
이웃과의 관계 편 1

보이는 복음
이웃사랑

어떻게
세상의 생명으로
살 것인가?

김완섭 지음

워크북

기독교신앙회복연구소

Prologue
머리말

구원은 사람의 눈에 보이거나 만져지는 것은 아니다. 구원이란 마귀의 손아귀에서 벗어나 하나님의 자녀로 변화되는 영적인 현상이기 때문이다. 그러나 구원이란 죄 사함과 거듭남이 이루어졌다고 해서 단숨에 성취되는 것은 아니다. 천국으로 들어가는 순간까지 마귀에게 대적하고 주님만을 붙잡고 말씀을 따라서 살아가면서 지속적으로 그리스도의 분량에까지 성장하도록 싸워나가는 과정이기도 하다. 그래서 눈으로 볼 수 없는 구원일지라도 삶의 모습 가운데에서 어떤 식으로든 증거가 드러나게 되어 있다. 구원받았다고 하는데 삶에서 구원의 증거가 전혀 드러나지 않는다면 그 구원은 허상이거나 오해이거나 스스로를 속이는 것일 수도 있는 것이다. 그렇게 삶으로 나타내 보이는 구원의 증거들은 세상 사람들에게 '보이는 복음'의 역할을 감당하게 된다.

구원의 복음이 보이는 복음이 되어야 하는 이유는 자명하다. 우선은 그리스도께서 보이지 않는 구원을 보고 듣고 경험할 수 있도록 십자가의 고난을 통해서 보여주셨기 때문이다. 하나님께서도 사람들을 구원하실 때 예수님의 육체를 통하여 복음을 드러내고 제시하셨듯이 복음은 보여야 비로소 온전한 모습을 나타내고 그것을 통해서 수많은 사람들을 구원에 이르게 할 수 있는 것이다. 그리스도인이란 복음을 보여주는 사람들이다. 두 번째는 보이는 복음이 되어야 비로소 하나님께서 드러내려고 하시는 진리의 모습이 실체화되기 때문이다. 다른 말로 하면 복음이 삶에서 드러나지 않는다면 거기에는 하나님께서 온전하게 임하실 수가 없다는 말이다. 만약에 그리스도께서 눈에 보이도록 성육신하지 않으셨다면 하나님께서 사람들에게 어떻게 복음을 펼치시겠는가? 그리스도의 보이는 십자가가 아니면 구원의 복음은 누구에게도 그 효력을 발휘할 수 없는 것이다.

복음이 보여야 하는 마지막 이유는 그것이 기독교이기 때문이다. 기독교는 인간의 죄를 사하시고 구원하시기 위해 신이 사람이 되어 모든 사람들의 죄를 대신 담당하신 사실을 믿는 사람들의 종교이다. 물론 종교 이상의 근본적인 진리이며 신이 사람을 위해 죽음으로써 사람을 구원하는 유일한 참된 구원의 원리를 따르는 형식이 기독교이다. 그렇다면 기독교는 보이는 복음이 교회와 성도들을 통해서 세상에 명백하게 드러나게 해야 한다. 단지 구원의 진리를 품고 가르칠 뿐만 아니라 그 진리가 그리스도인의 삶을 통해서 구원의 복음의 증거가 되어야 한다는 말이다.

기독교가 삶의 방식으로 복음을 전파하지 못하면 기독교는 어느 한 쪽만의 얼굴을 세상에 보일 뿐인 것이다. 오늘날 기독교에는 그 보이는 복음으로서의 삶의 방식이 결여되어 있다. 그래서 기독교는 그 힘과 영향력을 많이 잃어버리고 오히려 세상의 걸림돌로 전락한 측면이 큰 것이다. 문제를 해결해주고 구원을 제시하는 것이 아니라 오히려 교회가 세상에 문제를 계속 일으키고 있는 것이다. 교회는 보이는 복음을 삶으로 드러내는 방향으로 개혁되어야 한다.

그 보이는 복음이 무엇인가? 그것이 바로 이웃사랑이다. 그런데 그것은 명백한 사실이지만 보이는 복음을 삶으로 드러내지 못하다가 보니까 보이는 복음으로서의 이웃사랑의 본질이 많이 퇴화되어 참된 이웃사랑이 무엇인가에 대한 개념조차도 흐려지게 되었다. 수많은 설교들, 경건서적들, 제자훈련들, 예배와 기도와 말씀훈련 중에서 이웃사랑은 크게 강조되지 못하고 있다. 찬송가, 복음성가에도 이웃사랑의 내용은 극히 제한적으로 제시될 뿐이다. 신앙인의 삶의 대부분의 기능을 차지해야 할 이웃사랑은 그렇게 몹시 약해져 있는 것이 현실이다. 그것이 주제도서『보이는 복음, 이웃사랑』을 기획하고 집필하고 출판하게 된 계기가 되었던 것이다.

이 책은『보이는 복음, 이웃사랑』의 워크북으로 만들어졌다. 기독교신앙회복연구소의 모든 주제도서에는 반드시 워크북이 제공된다. 워크북을 통하여 내용을 반복 학습할 뿐만 아니라 그 내용이 신앙의식으로 자리 잡아야 비로소 신앙인의 삶에 변화를 가져올 수 있다. 그래서 먼저 스스로 본문을 잘 읽고 워크북으로 잘 정리해서 그 내용을 다른 사람들과 나누는 과정을 통하여 삶의 방향을 수정할 수 있도록 만들려고 하는 것이다. 워크북은 모여서 강의를 듣기 위해 기획된 것이 아니라 다른 사람들과 토론의 과정을 통하여 보이는 복음으로서의 삶을 살 수 있도록 신앙의식을 바꾸기 위해 제시되는 것이다.

이 책과 함께 출간될 『당신을 바꾸는 한마디 1』은 본 도서의 각 주제들을 핵심적이고 도전적으로 압축하여 제시한 책으로, 워크북을 진행하는 동안 깊은 묵상을 통하여 매일매일 은혜를 놓치지 않도록 하기 위해서 기획되었다. 물론 그 책만으로도 충분한 은혜와 도전을 받고 생각과 의식을 변화시킬 수 있도록 만들어졌다. 다만 워크북을 진행하면서 함께 참고한다면 이 책의 영향력을 극대화할 수 있을 것이다. 그룹으로 진행한다면 인도자가 매일 한 주제씩 SNS로 제공해 준다면 큰 도움이 될 수 있을 것이다. 주제 도서에 본 워크북과 '한 마디' 시리즈까지 세 가지 도구를 사용한다면 우리 신앙인들의 이웃사랑에 대한 의식을 바꾸고 삶 속에서 실천할 수 있도록 도전과 용기를 주기에 충분하리라고 여겨진다.

이 책이 기독교의 존재 이유를 명확하게 밝혀줄 것을 기대하고, 본래의 기독교를 조금이라도 회복하게 만들며, 번영주의, 성공주의, 세속주의를 타파함으로써 세상을 이길 수 있게 만드는 주님의 유용한 통로가 되기를 간절히 기도드린다. 아울러 기독교신앙회복연구소의 모든 도서들이 이 시대 그리스도인들을 깨우고 변화시키며 세상의 어떤 혼란에서도 복음의 본질을 지켜냄으로써 마지막 종말의 세대를 밝히는 등불이 될 수 있기를 또한 간구하는 바이다.

* 이 워크북의 지침서는 Daum 카페 '기독교신앙회복연구소'의 '정회원 자료방'에서 확인할 수 있다.

Contents
차례

머리말 · 5

제1부 이웃사랑의 출발점

제1장 이웃사랑의 지향점 · 12
제2장 아담 이후의 이웃사랑 · 20
제3장 그리스도와 이웃사랑 · 28
제4장 자기사랑과 이웃사랑 · 36

제2부 구약의 이웃사랑

제5장 율법이 말하는 이웃사랑 · 46
제6장 고아와 과부를 돌보는 것이다 · 55
제7장 차별하지 않는 것이다 · 63
제8장 이웃사랑의 범위 · 71

제3부 자기 자신처럼 사랑하기

제9장 먼저 형제를 사랑하라 · 80
제10장 이웃이 되는 것이다 · 89
제11장 누구를 어떻게 사랑할 것인가? · 98
제12장 이방인들에 대한 이웃사랑 · 107

제4부 이웃사랑은 영혼사랑이다

제13장 이웃사랑의 초점 · 118
제14장 이웃사랑과 영혼사랑 · 127
제15장 영혼사랑과 영적 싸움 · 136
제16장 영혼사랑의 실천적 방법들 · 145

제1부

이웃사랑의 출발점

제1장
이웃사랑의 지향점

　우리의 신앙생활에서 이웃사랑이 차지하는 비중과 위치, 그리고 방향은 어느 정도나 될까 궁금해진다. 안타깝게도 어쩌면 이웃사랑의 개념 자체가 희미해진 경우가 대부분이 아닐까 짐작하게 된다. 대개 깊이 생각해보지 않았겠지만, 사실은 이웃사랑이 우리 신앙생활의 핵심이자 중심이 되어야 한다. 왜냐하면 하나님은 구약 율법에서부터 그런 방향을 명백하게 제시해주셨기 때문이다. 그것은 예수님의 십자가 고난과 죽으심과 부활과 성령강림 이후에 제시된 방향이 결코 아니다. 이웃사랑 중심적인 신앙생활이 하나님의 마음인 것이다.

　이번 장에서는 아담 이후에 하나님께서 어떻게 이웃을 사랑하기를 원하시는지 그 방향과 근거에 대해서 살펴보려고 한다. 이웃을 자기 자신과 같이 사랑하라는 예수님의 말씀은 그 의미가 가장 받아들여지지 못한 말씀일 것이다. 어떻게 이웃을 자기 자신을 사랑하는 것처럼 사랑할 수 있단 말인가? 우리는 그 의미를 되찾아야 하고 이웃을 사랑하되 어떤 개념과 방향을 가지고 사랑해야 하는지에 대해서 다시 정리해야 한다. 그래야 하나님의 마음을 더 깊이 이해할 수 있고 하나님께서 기뻐하시는 이웃사랑을 진정으로 실천할 수 있을 것이다.

이웃사랑의 지향점
❶ 두 가지 핵심계명

하나님사랑과 이웃사랑은 성경이 모두 강조하고 있는데도 불구하고 이웃사랑에 대해서는 다양한 오해와 착각들이 널리 퍼져있다. 우리는 성경이 말하는 이웃사랑의 본질을 되찾아야 한다.

1. 그리스도인으로서 이웃사랑은 가장 기본적으로 무엇에서부터 출발하는 것이어야 하는가?

2. 성경에서 이웃에 해당되는 말이 가장 먼저 등장한 것은 어느 때였나?
   (출 12:4)

3. 넓은 의미의 이웃에는 가족도 포함된다. 십계명의 제5계명 이하의 말씀이 의미하는 바가 무엇인지 이야기해보라.

4. 그래서 예수님께서 말씀하신 이웃사랑은 어느 정도까지 깊어져야 한다고 말씀하신 것인가? (막 12:31)

이웃사랑의 지향점
❷ 구약의 이웃사랑

신약시대와 구약시대는 여러모로 차이가 있다. 본질적으로는 모두 하나님의 사랑에서 시작되지만 이웃에 대한 개념 자체가 공동체에서 이방인으로 근본적으로 변화되었기 때문이다.

1. 구약에서 이웃을 자기 자신과 같이 사랑하라는 말씀은 몇 번이나 어디에서 등장하는가? (레 19:18, 34)

2. 예수님은 이런 구약의 개념을 확대해서 어떤 개념으로 설명하셨나? (막 3:33-35)

3. 그렇게 믿음으로 이웃사랑을 설명하신 가장 핵심적인 요소는 무엇인가?

4. 그러나 구약시대 율법에는 이웃사랑의 범위와 초점이 어디까지였나?

이웃사랑의 지향점
❸ 이웃사랑의 출발

이웃사랑의 뿌리를 찾기 위해서 구약의 율법을 살펴야 한다. 율법에 대한 올바른 개념을 가지지 못한다면 마치 바리새인들처럼 하나님을 떠나는 사람들이 될 수 있다.

1. 율법은 하나님의 뜻과 얼마나 관계가 있는가? 하나님은 사람들에게 무엇을 기대하셨나?

2. 율법을 겉으로만 지키는 것으로 오해한 바리새인들에 대한 예수님의 대표적인 가르침은 무엇이었나? (마 23:23)

3. 아담을 깨뜨리기 위해 거짓을 슬쩍 집어넣은 뱀의 유혹은 하나님의 말씀과 어떻게 달랐나? (창 2:17, 3:4-5)

4. 아담과 하와는 '선악을 아는 일'에 하나님같이 되었다. 결국 하나님은 그들은 어떻게 하셨나? (창 3:22, 24)

이웃사랑의 지향점
❹ 아담과 하와

가장 사랑하는 완전한 관계였던 아담과 하와는 뱀의 간교한 꾐에 속아서 서로 분리된 관계가 되어버렸다. 하지만 바로 거기에서부터 이웃사랑의 필연성이 나타나게 된 것이다.

1. 하나님은 아담의 갈빗대로 하와는 만드심으로써 서로 어떤 관계에 놓이게 만드셨나? (창 2:23-24)

2. 하와가 선악을 알도록 유혹한 뱀의 첫 번째 목적은 어디에 있었는가? 그 증거를 어디에서 찾을 수 있나? (창 3:9-10)

3. 그러나 동시에 뱀의 또 다른 목적은 어떤 관계를 분리시키는 것이었나? (창 3:12-13)

4. 하지만 오히려 그 점 때문에 어떤 현상이 일어났으며, 인간에게 무엇이 간절하게 필요해지게 되었나?

이웃사랑의 지향점
❺ 핵심요약정리

1. 하나님사랑만 강조하면 절반의 신앙인이다.

이웃사랑은 하나님사랑의 들러리가 아니다. 이웃사랑의 삶을 살지 못하고 있다면 반쪽짜리 신앙인밖에는 될 수 없다. 완전한 신앙의 개념을 모른다면 온전한 믿음을 가질 수도 없다. 하나님사랑과 이웃사랑은 동등한 가치를 지닌 핵심이다.

2. 예수님의 십자가가 이웃사랑의 원형이다.

이웃이란 구약에서는 이스라엘 민족, 신약에서는 초기에는 그리스도인들이다. 거기에 이방인 이웃의 개념이 들어오게 되지만, 이웃사랑의 출발은 예수님의 목숨을 버리는 사랑이다. 그것이 우리의 이웃사랑의 원리와 목적이 되는 것이다.

3. 율법의 정신을 모르면 하나님을 모른다.

율법은 하나님의 차선책이다. 마치 선악과처럼 하나님의 사랑의 울타리였다. 그래서 최후에는 속죄법으로 죄를 속하게 하셨다. 하지만 율법은 모두 이웃사랑의 원리를 근본적으로 제시하고 있다. 율법은 지키는 법이 아니라 사랑하는 법이었다.

4. 이웃사랑의 목표는 완전한 하나가 되는 것이다.

뱀의 궤계는 항상 거짓과 분열이다. 뱀 때문에 아담과 하와가 분리되었지만 서로 하나가 되지 못하면 완전해질 수 없다. 결혼을 통하여 서로 하나가 되지만 이런 개념이 이웃에게도 확장되어 이웃사랑의 목적이 하나가 되는 것이 되었다.

이웃사랑의 지향점
❻ 나눔과 적용

대부분의 경우에 이웃사랑의 근본적인 목적과 원리와 중요성을 모르고 있을 것이다. 이웃사랑은 시간적으로나 물질적으로나 여유가 있을 때 이웃에게 베풀거나 나누는 것으로 생각하고 있을 것이다. 그러나 이웃사랑은 그리스도인의 가장 큰 특징 중의 하나가 되어야 한다. 왜냐하면 이웃사랑이란 하나님을 진정으로 사랑하는 사람이라면 그 증거로서 분명하게 보여야 할 지표라고 할 수 있기 때문이다. 우리의 이웃사랑이 어디를 향하고 있는지가 그래서 굉장히 중요한 것이다.

1. 당신은 이웃사랑을 어느 정도나 실천하고 있다고 생각하는가? 그렇게 하게 된 이유는 무엇인가?

2. 이번 장에서 당신이 가장 크게 배운 점은 무엇인지 이야기해보자.

이웃사랑의 지향점
❼ 마무리 기도

하나님, 참으로 감사드립니다. 그 동안 우리의 이웃을 향한 하나님의 마음을 잘 깨닫지 못하고 있었고 그래서 이웃사랑의 필요성이나 중요성을 알지 못하고 있었습니다. 그리고 율법에 대해서도 많은 오해를 가지고 있어서, 구약은 이미 지나간 이야기라고만 생각하고 율법의 참된 뜻이나 율법에 담긴 하나님의 마음을 거의 무시하고 있었습니다. 성경에 대해서 많이 알고 있었던 것은 아니지만 그래도 나름대로 바르게 신앙생활 하고 있었다고 생각했었습니다. 하나님의 마음은 전혀 생각하지 못하고 교회생활만 열심히 하면 될 것이라고 생각했습니다. 하나님, 용서해 주시옵소서.

이제 첫 시간이지만 많은 것을 깨우쳐주심을 감사드립니다. 이웃사랑의 출발점이 예수님의 십자가 희생이라는 것은 생각지도 못했었고, 우리의 종교심이 바로 하나님과의 관계가 분리된 데에서 나온다는 것과 이웃사랑이란 분리된 아담과 하와의 완전함을 지향해 나가는 데서 시작한다는 것도 다시 깨달았습니다. 하나님, 이제 그리스도인으로서 좀 더 온전해지기를 원합니다. 구약에서부터 주신 하나님의 마음을 조금이라도 더 알기를 원합니다. 특히 이웃사랑에 관해서는 처음부터 다시 배우기를 원합니다. 세상에서도 온전한 신앙인으로서의 삶을 살기를 원합니다. 성령님으로 함께하여 주시옵소서. 감사드리며 이웃사랑의 근원이 되시는 예수님의 이름으로 기도드립니다. 아멘.

제2장
아담 이후의 이웃사랑

아담의 타락 이후로 인간세계는 점점 더 악으로 치달을 뿐이었다. 하나님과의 관계 단절과 아담과 하와의 인간관계의 분리, 그리고 아담이 하와를 지배하는 계급의 발생, 노아의 술 취함으로 인하여 민족 간의 계급화가 일어나게 되었고, 하나님은 마침내 인간에게서 그 영을 거두어가 버리시기에 이르렀다. 이미 가인이 아벨을 죽인 사건이 일어났는데, 그것은 인간관계의 완전한 단절을 의미하는 것이었다. 가인과 아벨은 화해할 길조차 사라졌던 것이다. 그 때문에 인간은 점점 악해져만 갔고 하나님은 홍수로 인간들을 쓸어버리지 않으실 수가 없었던 것이다.

그러나 홍수 이후로도 인간의 타락은 점점 더 심해져 갔고, 하나님께서 아담과 하와에게 바라셨던 진정한 하나 됨의 가능성은 완전히 사라져 버렸다. 하지만 바로 그 점이 이웃사랑의 필요성을 점점 더 강하게 다가오게 만들었으니, 결국 예수님께서 자기 목숨을 희생하심으로써 이웃사랑의 당위성의 근거를 제시하시게 되었던 것이다. 물론 예수님의 십자가 희생은 인간의 죄를 근본적으로 해결하시기 위한 커다란 은혜였지만, 동시에 자기 자신처럼 이웃을 사랑하는 출발점이 어디에 있어야 하는가를 명확하게 제시하신 것이기도 한 것이다.

아담 이후의 이웃사랑
❶ 계급의 발생과 증오의 현실화

아담과 하와가 불순종함으로써 일어난 일들은 엄청난 파급력을 가지고 인간을 차례차례 타락시켜 갔다. 그리하여 하나님은 영을 거두어가시기에 이르렀고 우리가 아는 인간들이 되었다.

1. 아담의 타락으로 가장 먼저 지워진 짐은 무엇이었으며 그 의미를 어떻게 보아야 하는가? (창 3:17, 19)

2. 하나가 되어야 온전해지는 인간이 나누임으로써 아담과 하와 사이에는 어떤 현상이 생겼나? (창 3:16)

3. 죄와 욕심으로 인하여 가인과 아벨 사이에서 인간 최초의 살인사건이 일어났다. 그것은 무엇을 뜻하는가? (창 4:8)

4. 하나님과 인간 사이에 가장 마지막으로 일어난 두 가지 상징적인 결론은 무엇인가? (창 4:25-26, 6:3)

아담 이후의 이웃사랑
❷ 노아의 등장

여호와의 영마저 인간을 떠나자 인간의 타락은 극에 달하고 말았다. 온 천지와 사람들과 생물들을 창조하신 하나님은 영적으로 혼돈과 공허의 상태를 제거해 버리기로 하셨다.

1. 홍수로 모든 사람과 동물들까지 쓸어버리기로 하신 하나님은 어떤 마음으로 이런 결정을 내리셨나? (창 6:7)

2. 후에 이웃사랑을 통해 사람을 회복하시려는 하나님께서 노아를 남겨두셨던 특별한 이유는 무엇이었나? (창 6:8-9)

3. 홍수 이후에도 인간의 타락은 계속되었다. 인종 간의 계급이 발생한 사건은 어떤 내용인가? (창 9:24-25)

4. 이제 인간은 스스로 바벨탑을 쌓음으로써 하나님께 도전하게 되었다. 하나님은 누구를 준비하셨나? (창 12:1)

아담 이후의 이웃사랑
❸ 아브라함의 믿음

결국 하나님은 아브라함에게 가장 귀중한 아들의 생명을 요구하셨다. 하지만 그것은 이삭의 생명이 필요해서가 아니었다. 하나님은 아브라함의 믿음을 보고자 하셨던 것이다.

1. 아브라함이 이삭을 얻기 전에 상속자로 여겼던 사람은 누구누구였나?
   (창 15:3-4, 17:18-19)

2. 이삭을 얻기 전과 얻은 후의 아브라함의 모든 인생은 무엇만을 바라보고 살아온 것이었나?

3. 그런 모든 사실을 잘 아시고 이삭에게로 아브라함을 이끄셨던 하나님은 마지막에 무엇을 요구하셨나? (창 22:2)

4. 그런데 아브라함이 이에 말없이 순종했을 때 하나님은 아브라함에게 무엇이라고 하셨나? (창 22:12, 17-18)

아담 이후의 이웃사랑
❹ 믿음과 이웃사랑

아브라함은 외아들 이삭을 번제로 드리는 믿음으로 하나님의 큰 약속을 받았다. 하지만 믿음은 무엇을 얻기 위한 것이 아니다. 복이든 저주이든 전부 하나님께 맡기는 것이 믿음이다.

1. 인간은 대개 이삭을 향한 아브라함의 사랑과 같은 사랑을 받고 자랐다. 그런데 왜 이웃사랑은 행하지 않는가?

2. 아브라함의 믿음은 중요한 원리를 던져준다. 아브라함의 이삭 사랑은 어떤 원리를 따르는 것이었나?

3. 아브라함의 순종으로 하나님, 아브라함, 이삭은 어떤 열매를 거둘 수 있었나?

4. 온전한 순종이 이웃사랑의 근원이 될 수 있다. 진정한 이웃사랑의 목적은 어디에 두어야 하는가?

아담 이후의 이웃사랑
⑤ 핵심요약정리

1. 사람을 지배하고 미워하면 하나님과 단절된다.

아담이 하와를 다스림은 불순종의 죄에서 나왔고, 가인이 아벨을 죽인 것은 미움의 죄에서 나왔으며, 그 살인은 이웃과의 관계회복이 영원히 불가능하게 된 것을 뜻한다. 그리고 그것은 하나님과의 관계도 단절된 것을 뜻하는 것이다.

2. 하나님의 개입 없이는 이웃사랑은 불가능하다.

노아의 가족처럼 사랑으로 넘치는 가정들이 있었겠지만 오직 노아의 가정만 구원받았다. 노아가 당대에 완전한 자요 의인이었다고 하더라도 만약에 여호와께 은혜를 입지 못했고 하나님과 동행하지 못했다면 홍수에서 구원받을 수 없었을 것이다.

3. 관계를 드리지 못한다면 온전한 믿음이 아니다.

아브라함은 외아들 이삭을 번제로 드리는 일에 순종한 것이 아니라 가장 소중한 인간관계까지 하나님께 다 맡긴 것이었다. 그럼으로써 하나님과 아브라함과 이삭 모두가 승자가 되었다. 아브라함은 가장 깨기 힘든 인간관계를 드렸다.

4. 이웃에게 초점을 못 맞추면 그 사랑은 거짓이다.

이웃사랑은 하나님과의 관계중심이어야 하지만 그 목적지는 어디까지나 이웃이어야 한다. 아브라함이 자기가 받을 복을 생각했더라면 순종할 수 없었을 것이다. 아브라함은 하나님의 시각으로 이삭을 보았기 때문에 그것이 가능했다.

아담 이후의 이웃사랑
❻ 나눔과 적용

우리는 이웃사랑의 필연성에 대해서 살펴보고 있는 중이다. 비록 하와의 불순종으로 모든 죄악이 들어왔고, 하나님과의 관계와 이웃과의 관계가 단절되었지만 그런 중에서도 노아의 믿음과 아브라함의 순종으로 인하여 인간구원의 명맥이 이어지게 되었다. 그것은 곧 이웃사랑만이 하나님의 구원계획의 핵심적인 수단이 된다는 것을 의미한다. 이웃사랑은 단지 인간관계가 아니라 하나님과 나와 이웃의 삼각관계라는 사실을 알아야 한다. 곧 하나님과 연결되지 못하면 이웃을 위해 목숨을 버린다고 해도 아무 의미가 없는 것이다.

1. 왜 창세기의 이야기를 이웃사랑과 관련지어야 하겠는가? 하나님은 우리에게서 무엇을 받기를 원하시는가?

2. 노아와 아브라함의 이야기에서 어떤 점에 가장 큰 도전을 받았는가?

아담 이후의 이웃사랑
❼ 마무리 기도

　사랑의 하나님, 어떤 관점에서 성경을 보아야 할지를 느낄 수 있도록 하심을 감사드립니다. 우리의 모든 인생이 하나님과의 관계와 사람과의 관계로 이루어져 있는데, 그것이 창세기에 상세하게 전개되고 있음을 깨달았습니다. 단지 우리의 죄 문제가 아니라 그 죄와 함께 펼쳐지는 인간관계의 회복이 함께 진행된다는 사실을 알았습니다. 죄악으로 치달을수록 하나님께서 제시하신 이웃사랑의 필요성은 더 긴박해졌습니다. 그리고 하나님은 반드시 하나님과의 관계 속에서 이웃과의 관계가 진행되어야 함을 말씀해주셨습니다. 하나님과의 관계가 쏙 빠진 그 어떤 대단한 일도 전혀 아무런 의미가 없음을 알았습니다.
　하나님 아버지, 참으로 감사드립니다. 이웃사랑에 대해서 무감각했었는데 이웃사랑이 아니면 하나님의 뜻을 이루어갈 수 없음을 깊이 생각하게 되었습니다. 결국 하나님은 이웃사랑으로 하나님의 일을 이루어 가시는 분이니까요. 하나님, 아브라함의 진실한 순종으로 말미암아 모두가 승자가 되었다는 사실을 다시 생각해봅니다. 이전까지는 단지 아브라함의 믿음으로 열국의 아비가 되었다는 사실만을 생각했습니다. 그러나 이제 하나님을 사랑하는 것이 곧 이웃을 사랑하는 것이고, 하나님께 대한 사랑은 우리의 이웃사랑으로 인하여 드러나게 된다는 사실을 알았습니다. 앞으로 더욱 하나님께서 원하시는 이웃사랑을 깊이 깨달아가면서 실천할 수 있기를 원합니다. 우리를 도와주옵소서. 예수님의 이름으로 기도드립니다. 아멘.

제3장
그리스도와 이웃사랑

이웃사랑에 대한 하나님의 뜻은 아담과 하와가 불순종한 이후에 이미 하나님께서 그 길을 열어주셨다. 그것은 여자가 뱀의 유혹을 받고 불순종해서 죄가 세상에 들어왔으므로 여자가 스스로 뱀을 제거하라는 말씀이었다. 물론 그것은 하와 스스로가 아니라 하와의 후손을 통하여 그 일을 이루시겠다는 약속의 말씀이었다. 그리하여 하나님께서 여자에게 남자의 다스림을 받으라고 명하신 후이지만 뱀을 제거하기 위해서는 남자의 다스림이 아니라 하나님의 다스림을 받아야 할 것을 미리 말씀하신 것이었다. 성경에서 천국의 모습을 가르치신 것도 천국이란 뱀이 존재하지 않는 곳이라는 사실을 설명하신 것이었다.

하나님께서 그 뱀을 제거하기 위해 보내신 분이 바로 그리스도 예수님이시다. 그리스도는 여자가 유일하게 남자의 다스림을 받지 않고 성령으로 잉태되신 분이었던 것이다. 왜냐하면 남자의 다스림을 받아서는 뱀을 결코 물리칠 수가 없기 때문이었다. 죄를 들여온 뱀을 제거하려면 죄가 없는 분이어야만 했던 것이다. 우리는 여기에서 이웃사랑의 원형을 발견할 수 있다. 이웃사랑이란 뱀을 제거하는 작업이어야만 하는 것이다. 뱀 곧 마귀를 제거하기 위해서는 그리스도의 십자가 사랑으로 이웃을 사랑하는 길밖에는 없다. 이웃사랑은 우리가 예수님 대신 사랑하는 것이다.

그리스도와 이웃사랑
❶ 하나님과 여자와 뱀

뱀이 한 일은 단지 하나님과 하와의 관계를 갈라놓은 것이었다. 하지만 그 때문에 아담과 하와가 갈라졌고, 계급이 생겼고, 하나님의 영이 떠났다. 하나님은 하와에게 책임을 물으신다.

1. 하와가 뱀에게 속아서 불순종한 결과에 대해 하나님은 하와에게 어떻게 책임을 물으셨나? (창 3:15-16)

2. 남편의 다스림을 받으라는 말씀은 무엇 때문에 내려주신 결정이었나? (창 3:6下)

3. 남자의 다스림을 받도록 하신 것은 여자의 어떤 특성 때문에 내려주신 배려였나? (창 3:6上)

4. 진정한 이웃사랑은 이 뱀을 제거해야 가능하게 되었다. 이 뱀은 오늘날 무엇이라고 할 수 있나?

그리스도와 이웃사랑
❷ 천국이란 어떤 곳일까?

천국의 가장 큰 특징은 뱀이 없는 곳이라는 점이다. 만약에 이 세상에서도 뱀이 사라진다면 세상은 곧바로 천국이 될 것이다. 뱀이 사라져야 참된 이웃사랑도 가능해진다.

1. 스데반에게서 뱀이 사라진 것은 성령 충만할 때였다. 그때 스데반에게는 어떤 일이 일어났는가? (행 7:55, 60)

2. 뱀이 사라진 천국에서 함께 사라진 것들에는 어떤 것들이 있는가? (계 21:4)

3. 이웃사랑의 가장 이상적인 원형의 모습을 천국에서 발견할 수 있다. 천국에서 성도는 어떻게 되는가? (계 22:5)

4. 천국에서는 어떻게 모든 성도들이 왕 노릇을 할 수 있게 되는가? 그것이 어떻게 가능하겠는가?

그리스도와 이웃사랑
❸ 여자의 후손 그리스도

그리스도는 인류의 후손 또는 아담의 후손이 아니라 여자의 후손이었다. 하나님은 여자의 후손이 그리스도가 되게 하심으로써 인간구원과 이웃사랑의 근거를 만들어주셨다.

1. 마리아의 메시아 잉태는 언제 결정하신 일이었으며 그렇게 하신 이유는 무엇인가? (창 3:15)

2. 마리아가 예수님을 잉태할 때 '여자의 후손'으로서 누구의 다스림을 받았나? (눅 1:38)

3. 남자의 다스림을 받지 않고 탄생하신 예수님이 어떻게 인간의 대표가 되실 수 있나? (고전 15:22)

4. 결국 성도가 하나님의 쓰임을 받고 이웃을 진정으로 사랑하려면 누구의 다스림을 받아야 한다는 것인가?

그리스도와 이웃사랑
❹ 우리를 대신하신 그리스도

예수님은 구약의 모든 제사법을 통하여 죄인 된 우리들 대신 제물이 되셨다. 예수님께서 우리 대신 죽으신 것처럼 우리도 예수님을 대신하여 이웃을 사랑하는 것이다.

1. 하나님께서 예수님을 이 땅에 보내신 가장 핵심적인 목적은 무엇인가? (고후 5:21)

2. 그렇게 우리를 구원하심으로써 이루려고 하시는 또 다른 핵심적인 목적은 무엇인가? (고후 5:14-15)

3. 예수님께서 우리 대신 감당하신 다섯 가지 제사는 무엇인지 간단하게 설명하라. (레 1:17, 2:13, 4:35, 6:6-7, 7:34)

4. 하나님과의 사이에서 뱀을 제거해야 온전해지는데 그 유일한 방법은 무엇이며 어떤 의미를 가지는가?

그리스도와 이웃사랑
❺ 핵심요약정리

1. 뱀을 버리지 못하면 참사랑은 불가능하다.
하나님과 하와 사이에 뱀이 끼어들면서 에덴에서 쫓겨났다. 하나님은 그 뱀을 제거하기 위해 여자의 후손이신 그리스도를 보내주셨다. 뱀을 제거하는 방법은 남자(죄인)의 다스림이 아니라 하나님의 다스림을 받는 것이다. 마리아가 그랬다.

2. 천국은 뱀이 존재하지 않는 완전한 곳이다.
세상에는 뱀으로 말미암아 눈물, 사망, 애통, 아픔, 원망, 다툼이 들어와서 인생을 불행하게 만든다. 따라서 뱀이 사라지면 눈물이든 다툼이든 사라지게 된다. 천국은 뱀이 없는 곳이기 때문에 완전하다. 뱀이 아니라 하나님의 다스림을 받아야 한다.

3. 하나님의 다스림을 받기 위한 싸움이 신앙이다.
우리가 이웃을 자기 자신처럼 사랑하지 못하는 근본적인 이유가 뱀이다. 마리아가 뱀의 다스림을 받았다면 그리스도는 없었다. 우리의 싸움은 뱀과의 싸움인 동시에 하나님의 다스림에만 의지하기 위한 투쟁이어야 하는 것이다.

4. 신앙인은 그리스도를 대신하여 사랑하는 사람이다.
예수님은 구약의 번제, 소제, 속죄제, 속건제, 화목제의 모든 요소를 우리 대신 만족시키셨다. 그리스도인은 예수님께서 우리 대신 감당하셨던 요소들을 이웃을 위해 감당해야 하는 사람들이다. 이웃사랑은 예수님대신, 이웃대신 사랑하는 것이다.

그리스도와 이웃사랑
❻ 나눔과 적용

우리의 이웃사랑은 그리스도 예수님과의 관계로부터 출발하지 못한다면 아무런 의미가 없다. 아니, 오히려 자기 의, 자랑, 공로 등으로 인하여 하나님으로부터 더 멀어질 수도 있다. 왜냐하면 예수님의 희생에 근거하지 못한 이웃사랑의 행위는 상징적으로 뱀의 다스림으로 귀착될 수 있기 때문이다. 우리의 이웃사랑의 목적과 원리는 오로지 그리스도의 이웃사랑 안에서만 진정한 의미를 부여할 수 있는 것이다. 그리고 그럴 때에만 하나님께서 인정하시게 되는 것이다. 결국 그리스도인의 이웃사랑은 예수님 대신 이웃을 사랑하는 것이고 동시에 이웃을 대신하여 그들의 어려움을 섬겨주는 것이다.

1. 당신이 지금까지 행해왔던 이웃사랑은 그 주체가 누구였는가? 하나님의 다스림인가, 뱀의 다스림인가?

2. 당신이 이번 장에서 가장 크게 도전받았거나 깨달은 점은 무엇이었는가?

그리스도와 이웃사랑
❼ 마무리 기도

하나님 아버지, 참으로 감사드립니다. 우리는 지금 우리의 생각을 서서히 변화시켜가는 중입니다. 그리스도의 대신사랑이 바로 우리들의 이웃사랑이어야 한다는 것을 그냥 알기만 한다면 무슨 소용이 있겠습니까? 그러나 그 근원에서부터 다시 깨달아 알게 하시고 그리스도 예수님과의 깊은 관계 속에서 이웃을 사랑할 때에야 비로소 우리 자신처럼 이웃을 사랑할 수 있음을 차츰 알아가면서 행동으로 실천할 수 있는 길을 발견하기를 원합니다. 상징적이지만 하와를 유혹했던 바로 그 뱀이 지금 우리를 또한 동일한 방식으로 유혹하고 있음을 알고 있습니다. 그 뱀을 제거하는 방법은 성령 충만 밖에는 없음도 알게 되었습니다. 그리고 그 뱀을 제거하지 않는 한 진정한 이웃사랑도 불가능함을 알았습니다.

하나님, 이웃사랑 없는 하나님사랑은 그냥 공허한 신앙이 될 수 있음도 또한 생각하게 되었습니다. 왜냐하면 예수님께서도 몸으로 이웃을 위해서 희생하셨기 때문입니다. 만약에 예수님이 그냥 성령으로만 모든 일을 하셨다면 우리의 이웃사랑도 별 의미가 없었을 것입니다. 그러나 예수님께서 몸으로 사람들을 사랑하심으로써 우리의 신앙도 이웃사랑으로 반드시 드러나야 함을 또한 다시 생각하게 되었습니다. 참으로 감사드립니다. 제가 다 알고 있다고 생각했던 것들이 사실은 그냥 피상적일 뿐이었다는 점을 깨우쳐주시니 더욱 감사드립니다. 우리 대신 희생해주신 예수님의 이름으로 기도드립니다. 아멘.

제4장
자기사랑과 이웃사랑

　이웃을 자기 자신과 같이 사랑하려면 먼저 자기 자신을 사랑할 수 있어야 한다. 왜냐하면 자신을 사랑하는 방식을 모르면 이웃을 사랑하는 방식도 모르기 때문이다. 자기사랑은 자신의 신분적 정체성을 바로 알고 있어야 가능하다. 예수님은 우리를 위해 십자가의 모진 고통을 당하고 돌아가셨다. 그래서 그 사실을 받아들인 우리가 하나님의 자녀들이 된 것이며, 하나님의 권속이며 백성이며 기르시는 양들이 된 것이다. 이것만으로도 우리는 우리 자신을 사랑할 수 있다. 그리고 하나님께서 우리를 부르신 이유는 이 세상에 그리스도의 사랑을 전파하는 동역자로 삼으시기 위함이다. 그것이 우리를 사랑할 수 있는 근거이다.
　더 나아가서 우리의 자기사랑이란 순전히 우리 영혼을 사랑하는 것이라는 사실을 깊이 인식해야 한다. 육체는 쇠하고 죽게 되지만 영혼은 영원토록 살아가야 하기 때문이다. 그래서 하나님을 사랑하는 것이 자기를 사랑하는 것이고 그것이 또한 이웃을 자기 자신처럼 사랑할 수 있게 만드는 것이다. 그리고 하나님께서 우리를 얼마나 사랑하시는지를 깨닫는 것도 우리 자신을 사랑할 수 있게 만들어준다. 결론은 자기사랑 없이 이웃사랑은 없다는 것이다. 하나님의 자녀로서의 정체성을 올바로 소유하는 것이 자기 자신과 같이 이웃을 사랑하는 지름길이 될 것이다.

자기사랑과 이웃사랑
❶ 그리스도인의 태생적 정체성

구원의 확신을 가지지 않은 성도들은 별로 없을 것이다. 그러나 구원의 열매로서의 정체성을 바르게 인식하고 있는 사람은 소수일 것이다. 우리는 충분히 우리를 사랑할 수 있다.

1. 그릇된 율법관을 가진 사람들에게 바울은 어떤 말을 남겼는가? 우리의 구원관과는 어떤 관계에 있나? (롬 2:17-21)

2. 하나님의 자녀로서 하나님을 아버지라고 부르는 우리는 원래 누구의 자녀들이었나? (요 8:44)

3. 우리가 하나님의 자녀가 되어 우리를 사랑하게 된 것은 근본적으로 무엇 때문에 그렇게 된 것인가? (갈 2:20)

4. 우리가 우리 자신을 사랑할 충분한 신분적 명칭들을 믿는가? 그 명칭들은 무엇들인가? (엡 2:19, 살전 5:5, 시 100:3)

자기사랑과 이웃사랑
❷ 그리스도인의 선교적 정체성

그리스도인은 하나님의 사명을 감당하기 때문에 자기 자신을 사랑할 수 있다. 그 사명은 여러 가지 형태로 나타나지만, 근본적인 사명은 자기 자신처럼 이웃을 사랑하는 것이다.

1. 우리가 우리 자신을 사랑할 수 있는 근거는 여러 가지이지만 그 중에 핵심적인 것은 무엇인가? (고전 3:9)

2. 우리가 우리를 진정 사랑할 수 있는 실제적이고 조건적인 이유는 무엇인가? (고전 6:19)

3. 좀 더 강조한다면 예수님이 말씀하신 하나님사랑과 이웃사랑 사이에 무엇이 들어가야 하겠나? (눅 10:27)

4. 예수님은 우리 그리스도인들의 선교적 정체성에 대해서 어떻게 정의를 내려주셨나? (마 5:13-15)

자기사랑과 이웃사랑
❸ 자기사랑은 영혼사랑이다.

자기사랑은 연민이나 이기적인 사랑이 아니다. 온전한 자기사랑은 오직 하나님과의 관계 안에서만 가능해진다. 왜냐하면 자기사랑이란 영혼사랑이 아니면 무의미해지기 때문이다.

1. 예수님은 자기사랑이란 어떤 단계에까지 가야 가능해진다고 말씀하시는가? (눅 14:26, 9:23)

2. 그러나 진정한 자기사랑은 자기의 육체까지도 사랑하는 것이다. 그 이유는 무엇인가? (엡 5:29-30)

3. 자기 영혼을 사랑하는 사람은 자기 육체에 대해서 어떤 인식을 가지고 있어야 하겠는가? (요 12:25)

4. 자기사랑이 영혼사랑이므로 실제로 자기를 사랑하는 구체적인 방법은 무엇인가? (막 12:33)

자기사랑과 이웃사랑
❹ 우리를 향한 하나님의 사랑

진정한 사랑을 받고 있는 사람은 마음과 행동이 달라진다. 그리스도인들은 성령님께서 우리 가운데 거하심으로써 하나님으로부터 진정한 사랑을 날마다 뜨겁게 받고 있는 사람들이다.

1. 우리가 우리를 사랑하기 위해 확신해야 할 점은 하나님과 우리 사이가 어떤 상태라야 가능한가? (신 32:10)

2. 하나님은 우리를 얼마나 사랑하시는가? 우리는 어느 정도나 그 사실을 깨달을 수 있나? (고전 2:9)

3. 그 하나님의 사랑은 독생자 예수님을 통하여 어떤 방식으로 우리들에게 임하셨나? (요일 4:9-10)

4. 하나님의 사랑은 무엇을 통하여 삶 속에서 자기 자신을 사랑할 수 있도록 일하고 계시는가? (롬 5:5-6)

자기사랑과 이웃사랑
❺ 자기사랑 없이 이웃사랑 없다.

자기를 사랑하는 것은 자기를 희생하는 것이다. 왜냐하면 자기를 사랑하듯이 이웃을 그렇게 사랑한다면 이웃을 위해 희생하는 것이 자기를 위해 희생하는 것이기 때문이다.

1. 이웃을 왜 자기 자신처럼 사랑해야 하는가에 대한 명확한 근거는 무엇인가? (고전 8:10-11)

2. 그리스도께서 우리와 우리의 이웃들을 위해서 죽으신 목적은 무엇인가? (살전 5:10)

3. 그리스도께서 몸 버려 죽으신 것은 최종적으로 우리가 어떤 일을 하게 하시려는 목적에서인가? (요 11:52)

4. 우리가 자신을 정말 사랑한다면, 그리고 목숨을 다해 하나님을 사랑한다면 우리는 무엇을 할 수 있어야 하겠나?

자기사랑과 이웃사랑
❻ 핵심요약정리

1. 자기를 사랑하지 못하면 거듭난 것이 아닐 수 있다.

우리는 하나님의 자녀들이다. 우리는 하나님의 백성들이요 상속자들이며 권속들이며 빛의 아들들이다. 예수님은 우리를 위해 목숨을 버리셨다. 어떻게 우리 자신을 사랑하지 못하는가?

2. 하나님의 동역자임을 믿는다면 자기를 사랑할 수 있다.

우리는 성령님의 성전이다. 왜냐하면 성령님으로 인하여 하나님의 일을 해야 하기 때문이다. 그것만 해도 사랑받기에 충분하다. 우리는 세상의 빛과 소금으로 부르심 받았다.

3. 번영을 추구하는 사람은 자기 영혼을 미워하는 사람이다.

자기 목숨까지 미워해야 하는 이유는 자기 영혼을 사랑하기 위해서이다. 자기 영혼을 사랑하는 사람은 하나님을 사랑하는 사람이고 마찬가지로 이웃을 사랑할 수 있는 사람이다.

4. 하나님의 사랑을 못 깨달으면 자기를 사랑할 수 없다.

하나님의 사랑을 크게 느낄수록 자기를 많이 사랑할 수 있다. 우리는 우리 죄를 씻어주신 그 사랑으로 인하여 우리 자신을 사랑하고 이웃을 우리 자신처럼 사랑하는 것이다.

5. 우리가 자신을 사랑하도록 예수님께서 십자가에 죽으셨다.

예수님은 우리가 영원토록 주와 함께 살도록 죽으셨다. 우리는 그럴 가치가 있다. 이웃들도 예수님께서 죽으실 만한 가치가 있다. 우리를 사랑하듯이 이웃을 사랑해야 하는 이유이다.

자기사랑과 이웃사랑
❼ 나눔과 적용

우리는 자기 자신을 잘 사랑할 줄 모른다. 우리가 만나는 문제들 중 자신을 사랑하지 못하는 데에서 기인하는 경우가 많다. 마음의 상처를 해결하지 못하고 다양한 방식으로 표출되는 데에서 자신과 교회와 성도들을 아프게 하는 경우도 많다. 그러나 우리가 진정으로 하나님의 사랑을 깨닫는다면, 십자가에 달리신 예수님의 고통의 깊이를 경험할 수 있다면 우리는 우리 자신을 사랑하지 않을 수가 없을 것이다. 그렇다고 우리가 이웃사랑을 행하지 못하는 것은 아니지만, 그리스도의 사랑으로 이웃을 사랑하는 일은 힘들어지게 될 것이다.

1. 하나님의 사랑을 체험적으로 알지 못하면 자기사랑은 어려워진다. 당신은 당신 자신을 얼마나 사랑하는가?

2. 이웃을 당신 자신처럼 사랑하기 위해서 당신에게 가장 시급하고 중요한 문제는 어떤 점인가?

자기사랑과 이웃사랑
❽ 마무리 기도

하나님 아버지, 참으로 감사드립니다. 하나님과의 정직한 관계 속에서 우리 자신을 비춰보지 못하면 자기 자신과 같이 사랑하는 이웃사랑은커녕 우리 자신을 사랑하는 일조차 힘들다는 사실을 깨달았습니다. 열심히 나눔과 섬김을 행하는데 정말로 그 이웃들을 사랑해서 하는 일인지 자신이 없어졌습니다. 무엇보다도 하나님의 사랑으로 이웃을 사랑하지 못하면 그것은 하나님께 아무런 의미도 없을 수 있음을 다시 알게 되었습니다. 우리 자신을 되돌아보고 우리 스스로를 점검해야 그리스도의 사랑으로 이웃을 사랑하는 일이 가능해질 것입니다. 예수님께서 자기 자신과 같이 이웃을 사랑하라고 하신 말씀은 현실성이 없다고 생각했지만 이제는 그것이 가능하다는 사실을 알았습니다.

하나님, 이제는 우선 우리 자신부터 하나님의 말씀에 비추어보기를 원합니다. 무엇보다도 하나님을 체험적으로 알 수 있기를 원합니다. 왜냐하면 하나님을 그렇게 깊이 알지 못하고는 우리 자신을 사랑할 수 없기 때문입니다. 진정으로 그리스도의 십자가 고난을 알지 못한다면 구원의 확신도 어쩌면 거짓된 것일 수도 있을 것 같습니다. 우리가 우리 자신을 사랑하기 위해서 그리스도의 십자가에 함께 못 박힌 사람들이 되기를 원합니다. 그리하여 우리의 크고 작은 상처들이 치유되고 회복됨으로써 이웃을 우리 자신처럼 사랑할 수 있게 해 주옵소서. 우리가 우리를 사랑할 수 있도록 우리를 대신하여 십자가에 달리신 예수님의 이름으로 기도드립니다. 아멘.

제2부

구약의 이웃사랑

제5장
율법이 말하는 이웃사랑

    구약의 율법이 한 민족의 질서와 통치를 위한 법이라고 생각하고 있다면 그것은 엄청난 오해가 될 것이다. 만약에 이스라엘 역사를 단지 한 나라의 운명을 기록한 것으로 생각한다면 여호와 하나님의 마음과 뜻을 완전히 거꾸로 해석한 것이 된다. 왜냐하면 하나님은 단지 이스라엘의 존속만을 생각하신 것이 아니기 때문이다. 하나님은 이스라엘의 거룩한 나라로서의 가치가 영구하기를 원하셨던 것이다. 그 가치는 백성들이 하나님 안에서 서로 사랑함으로써 하나가 되는 것이었다. 그것만이 우상을 섬기는 이방나라와의 분명한 차이였던 것이다.

    그래서 하나님은 율법의 모든 내면에 이웃사랑의 정신을 넘치게 만들어주셨다. 율법은 질서를 유지하기 위해 반드시 지켜야만 하는 법이 아니었다. 율법에는 마치 선악과처럼 하나님의 사랑이 고스란히 포함되어 있었던 것이다. 율법의 근간인 십계명은 그야말로 하나님 사랑과 이웃사랑의 핵심이었다. 그것은 예수님의 가르침에서도 고스란히 반영되어 있다. 더구나 안식일, 안식년, 희년의 개념이 바로 이웃을 자기 자신과 같이 사랑해야 한다는 회복의 법이었던 것이다. 하나님의 율법을 오해했던 바리새인들은 하나님의 마음과 뜻에는 전혀 관심이 없었고, 오히려 하나님의 대적들이 되고 말았다.

율법이 말하는 이웃사랑
❶ 십계명의 본질적 의미

십계명은 하나님과의 관계와 이웃과의 관계에 대한 하나님의 마음이다. 특히 이웃사랑과 관련해서는 최소한의 바탕을 설정해주신 것이었다. 율법 준수 없는 이웃사랑은 불가능하다.

1. 십계명 중 1~4계명은 하나님과의 관계에 대한 내용이다. 그것은 결국 무엇을 의미하는 것인가?

2. 십계명 준수가 얼마나 중요했으면 같은 민족 안에서도 어떻게 처리하게 하셨나? (출 32:27, 29)

3. 그토록 엄중한 하나님의 명령이지만 실제로 이스라엘의 역사는 어떻게 흘러갔나? (왕하 23:22-23, 느 8:17)

4. 그런 율법을 신약교회가 따라야 할 이유는 무엇이며, 율법의 근본원리는 무엇인가?

> **율법이 말하는 이웃사랑**
> **❷ 이웃에 대해서 거짓 증언하지 말라.**

거짓 증언하지 말라는 계명은 9계명에 나오는데, 그것은 이웃사랑을 근본적으로 깰 수 있는 것이 거짓이기 때문이다. 뱀 곧 마귀가 거짓을 가장 잘 사용하여 속이기 때문이기도 하다.

1. 율법에서 명령하는 거짓 증거의 다양한 모습들을 이야기해보라. (출 23:1-3)

2. 거짓 맹세와 관련하여 하나님께서 금하신 것은 무엇과 무엇인가? (레 19:11-12)

3. 질서를 지키거나 거짓말을 하지 않거나 남을 비판하지 말아야 하는 가장 큰 이유는 무엇인가?

4. 거짓을 행한 백성을 제거해야 하는 근본적인 이유와 목적은 무엇인가? (신 19:18-19)

율법이 말하는 이웃사랑
❸ 이웃의 소유를 자기 소유처럼 인정하라.

이웃을 사랑한다면 이웃의 소유를 보호하려고 하게 될 것이다. 특별히 고아나 과부나 나그네뿐 아니라 일상에서 만나는 모든 이웃들의 소유를 인정하는 것이 이웃사랑의 출발점이다.

1. 이웃의 소유를 탐내지 말아야 할 뿐만 아니라 어떤 마음까지 가져야 할 것을 명하는가? (출 22:7-8)

2. 이웃의 가축도 마찬가지이다. 율법은 어디까지 가축을 돌보아야 한다고 했나? (신 22:1-4)

3. 왜 의복을 해지기 전에 돌려주고 과부의 옷을 저당 잡으면 안 되었는가? 근본정신은 무엇인가? (출 22:26, 신 24:17)

4. 이웃사랑의 핵심적인 사상을 전하지 않고 율법의 세세한 규정으로 정해주신 이유는 무엇인가?

> 율법이 말하는 이웃사랑
> ### ❹ 안식일과 안식년

알다시피 안식일은 매 7일마다, 안식년은 매 7년마다 노동을 쉬게 하는 법이었다. 안식 계명의 기본적인 사항은 모든 사람들에게 똑같이 적용해야 한다는 것이었다.

1. 안식일에는 무조건 일을 하지 말아야 하는데 그 범위는 어디까지였나? (출 20:10)

2. 안식일의 법은 이웃에 대한 배려를 포함하지만 더 근원적인 목적은 어디에 있었나? (신 5:15)

3. 안식년은 7년마다 무엇을 명하고 있으며 그것이 어떻게 이웃사랑이 될 수 있나? (레 25:3-5)

4. 안식년이 이웃사랑을 회복시키는 중요한 핵심인 이유는 무엇인가? (신 15:1-2)

율법이 말하는 이웃사랑

❺ 희년은 정의가 아니라 사랑이다.

하나님은 안식년과 희년을 통하여 이스라엘에서 소외되고 어려운 이웃들이 차별 당할 수도 있는 구조를 깨뜨리게 하셨다. 율법의 모든 제도 안에는 이웃사랑의 마음이 깊이 숨어있다.

1. 일곱 번째 안식년의 다음 해에 선포되는 희년이 이웃사랑인 가장 큰 이유는 무엇인가? (레 25:10)

2. 희년은 안식년 이듬해이기 때문에 2년 연속으로 경작하지 못한다. 백성들은 무엇을 먹을 수 있는가? (레 25:20-22)

3. 이스라엘이 이웃사랑의 개념으로 공동체의식을 확보할 수 있게 하신 희년의 제도는 무엇인가? (레 25:23)

4. 구약의 희년은 50년마다 돌아왔지만 그 희년의 영원한 완성은 어떻게 성취되었나? (눅 4:18-19)

율법이 말하는 이웃사랑
❻ 핵심요약정리

1. 십계명을 이웃사랑의 관점으로 보면 삶이 달라진다.

십계명은 이스라엘이 엄격하게 지켜야 하는 법이 아니라 최소한의 구체적인 이웃사랑을 가르치신 하나님의 마음이었다. 오히려 오늘날 신앙인으로 살아가는 데 더 필요한 행동규범이다.

2. 당신이든 누구든 거짓을 사용하면 마귀의 종이다.

십계명에서 거짓을 부정한 것은 이웃사랑을 깨고 공동체성을 무너뜨리기 때문이다. 거짓은 마귀의 수법이므로 거짓을 사용하는 사람은 일시적일지라도 마귀의 종이 되는 것이다.

3. 내 소유를 포기할 때 이웃의 소유가 소중해진다.

십계명에서 남의 소유를 탐내지 말라는 것은 이웃사랑의 가장 핵심적인 부분으로, 이웃의 소유를 지켜주는 것에서 그치는 것이 아니라 오히려 부족한 부분을 채워주는 마음을 뜻한다.

4. 안식을 실천하지 못하면 하나님과 관계없는 사람이다.

안식일, 안식년은 사람과 땅의 쉼을 통한 회복과 잃어버린 것의 회복을 위해 주신 선물이다. 안식년은 특히 부채를 면제해줌으로써 하나 됨의 회복을 뜻하는 이웃사랑의 법이다.

5. 희년의 개념을 알아야 이웃사랑이 가능해진다.

희년은 모든 억압과 죄악과 가난으로부터의 자유를 뜻하며, 예수님께서 완전하게 성취하셨다. 이웃들을 소외와 가난에서 해방하기 위해 그리스도의 사랑으로 사랑하는 것이다.

율법이 말하는 이웃사랑
❼ 나눔과 적용

구약에서 이웃사랑이라는 말이 사용된 적은 거의 없지만, 율법 속에는 이웃에 대한 배려와 누구라도 차별당하지 않도록 하는 원리가 면면히 흐르고 있었다. 그것은 바로 이웃을 자기 자신과 같이 사랑하라는 하나님의 마음이었다. 민족의 거룩성을 유지하기 위한 최소한의 조치였던 율법을 규정대로 범하지만 않으면 된다고 생각한다면 하나님의 마음을 너무나도 모르는 것이다. 모든 계명의 하나하나가 전부 이웃에 대한 배려로 채워져 있는데 어떻게 하나님의 마음과 의도를 모를 수 있겠는가? 하지만 바리새인들은 하나님의 뜻을 아예 무시하고 율법의 규정을 지키는 데에만 급급했었다.

1. 당신은 구약 율법에 대해서 어떤 견해를 가지고 있었는가? 무시하거나 무관심하거나 오해한 부분은 없었는가?

2. 당신이 이번 장에서 가장 크게 깨달은 점과 도전받은 점은 무엇인가?

> 율법이 말하는 이웃사랑
> ❽ 마무리 기도

　하나님 아버지, 구약의 이스라엘이 믿던 하나님과 오늘날 우리가 믿는 하나님은 동일하십니다. 겉으로는 전혀 다른 분인 것 같지만 오늘 함께 내용을 나누면서 그 속에 들어있는 하나님의 사랑과 공의는 오늘날과 전혀 다르지 않다는 사실을 깨닫습니다. 결국 하나님의 계명은 하나님사랑과 이웃사랑입니다. 여태까지 이스라엘의 율법은 우리와 별로 관계없고 구약에서만 필요한 내용들이고, 그마저도 예수님의 십자가 희생으로 전부 성취된 것이라고만 생각했습니다. 하지만 오늘날에 적용 가능하도록 바꾼다면 오히려 우리 그리스도인들의 삶의 핵심적인 원리로 삼아야 하지 않을까 생각해봅니다.
　하나님 아버지, 참으로 감사드립니다. 우리의 신앙생활에서 교회가 이웃사랑에 대한 뚜렷한 행동원리를 제시하지 못하고 있지만 오히려 율법에서 제시하는 원리로 실천할 수 있다면 그것이 훨씬 더 성경적인 삶이 되지 않을까 합니다. 하나님, 이웃을 그렇게 배려할 수 있기를 원합니다. 안식년이나 희년에 대한 계명에서처럼 정말 물질이나 토지를 완전히 되돌릴 수는 없겠지만 하나님의 뜻을 따라 우리의 소유를 내려놓는 나눔은 가능할 것입니다. 하나님, 그런 것을 발견할 수 있도록 우리를 도와주옵소서. 감사드리며, 예수 그리스도의 이름으로 기도드립니다. 아멘.

제6장
고아와 과부를 돌보는 것이다

　구약에서 백성들이 돕고 배려해야 할 계층으로는 고아, 과부, 거류민, 객, 나그네, 곤란한 자, 궁핍한 자, 가난한 자 등이 있다. 이들은 모두 형제들이지만 무엇인가의 결핍으로 말미암아 소외된 계층으로 전락한 사람들이다. 하지만 이들은 모두 가족들이고 형제들이고 자매들이다. 하나님 보시기에는 부자나 가난한 사람이나 소외된 사람이나 전부 똑같은 자녀들일 뿐이다. 그래서 소외된 사람들을 돌보는 것은 자비나 자선이 아니라 의무이다. 당연히 도와야 하고 마땅히 감당해야 한다. 그것이 하나님의 사랑이고 그 사랑을 지키는 것이 이웃 사랑인 것이다.

　이웃사랑은 하나님의 일관된 마음과 뜻을 실천하는 일이다. 구약의 이웃사랑의 원리가 더 확대되고 강조되어 예수님의 자기 자신처럼 이웃을 사랑하라는 새로운 계명으로 우리 곁에 와 있다. 오히려 구약에서의 이웃사랑의 원리를 깨달아서 그대로 삶에서 적용한다면 그것은 더욱 완전한 이웃사랑이 될 것이다. 실제로 우리 신약성도들은 구약에서 명하는 율법의 원리를 거의 따라가지 못하고 있는 것이 현실이다. 하나님의 이웃사랑의 일관된 원리대로 실천할 수 있어야 하겠다.

고아와 과부를 돌보는 것이다
❶ 이웃을 돕는 일은 의무이다.

이웃사랑은 그리스도인의 의무요 책임이다. 오늘날 기독교 신앙은 너무나도 개인과 가족 중심적으로 변해버렸다. 구약의 율법을 통하여 이웃사랑의 실천력을 얻을 수 있어야 하겠다.

1. 하나님은 가난한 사람들을 반드시 도와야 하는 가장 큰 이유 두 가지는 무엇이라고 하셨나? (신 15:11)

2. 어려운 이웃이나 형제를 대할 때에는 어떤 개념으로 대하라고 말씀하시는가? (레 25:35-36)

3. 더 나아가 가난하고 어려운 이웃들과 어떤 마음이 되어야 참된 이웃사랑이라고 하시는 것인가? (신 16:11, 14)

4. 예수님의 십자가 사랑으로 인하여 구약의 이웃사랑은 얼마나 더 깊어지게 되었나?

고아와 과부를 돌보는 것이다
❷ 수확물은 반드시 남겨두라.

구약의 이웃사랑은 꼭 주변의 이웃들에 관한 내용만은 아니었다. 마치 오늘날 복지제도처럼 불특정 다수의 소외된 사람들까지 배려하였다. 그것을 개인이 감당하도록 했다.

1. 나그네와 고아와 과부에 대한 최소한의 이웃사랑의 법은 무엇이었나? (신 24:19)

2. 다윗의 증조할머니 룻의 경우 어떻게 살아남을 수 있었으며 룻을 배려했던 보아스는 어떤 복을 받았나? (룻 2:3, 23)

3. 이웃에 대한 배려는 가난한 사람들의 입장에서도 의무적이었다. 그것은 어떤 계명이었나? (신 23:24-25)

4. 이렇게 공동체 안에서 서로 배려하고 사랑하라는 계명의 최종적인 목적은 무엇인가?

고아와 과부를 돌보는 것이다
❸ 하나님께 공의이고 백성에게 복이다.

하나님께서 제정하신 십일조 제도는 가난한 이웃들을 위한 배려의 법이었다. 제사와 예전에 사용되는 것을 제외한 모든 것은 가난한 레위인이나 고아나 나그네에게 사용되도록 했다.

1. 제2의 십일조와 제3의 십일조는 무엇이며 어디에 사용되었는지 설명해 보라. (신 14:23, 26:12)

2. 하나님께서 이웃을 사랑하는 사람에게 복을 주시는 이유는 정확하게 무엇 때문인가? (신 10:18)

3. 이웃사랑이 어떻게 하나님 앞에서 공의가 될 수 있는지 설명해보라. (신 24:12-13)

4. 하나님의 정의는 죄에 대한 대가를 치러야 하는 것이지만 또 다른 방식의 정의는 어떻게 세워지나? (벧전 4:8)

> 고아와 과부를 돌보는 것이다
> ❹ 행하지 않으면 죄가 된다.

그리스도인이 가장 큰 계명인 이웃사랑을 행하지 않으면 하나님과 어떤 관계가 되겠는가? 예수님의 목숨을 버리신 사랑을 입었으면서 이웃을 사랑하지 않는 일은 불가능하다.

1. 이웃사랑은 크고 많은 것으로 되는 것만은 아니다. 작지만 중요한 이웃 사랑에는 어떤 것이 있나? (신 24:15)

2. 면제년이 가까워올 때 이웃이 진 부채가 아깝다고 악하게 대하면 죄가 되는데 그 이유는 무엇인가? (신 15:9)

3. 심지어 이웃의 어려운 이들을 해롭게 하면 하나님은 어떤 맹렬한 노를 발하겠다고 하셨나? (출 22:22-24)

4. 예수님 이후의 신약시대에도 성도의 큰 의무는 무엇에 두게 했나? (약 1:27)

고아와 과부를 돌보는 것이다
❺ 핵심요약정리

1. 이웃에 대한 책임감이 당신의 신앙의식이다.

율법에서 고아와 과부를 돌보라는 것은 그들의 마음과 형편을 이해하고 마음으로 함께 하라는 말씀이다. 같은 하나님의 백성으로서 형제를 사랑하지 않는 것은 하나님을 믿지 않는 것이다. 그러므로 이웃사랑은 하나님의 백성이라는 증거인 것이다.

2. 이웃사랑은 하나님께 드리는 가장 귀한 헌금이다.

구약의 율법에는 아예 삶 자체에 이웃에 대한 배려가 녹아있다. 마치 숨을 쉬어야 살 수 있는 것처럼 구약에서는 형제를 향한 기본적인 사랑이 숨을 쉬고 있었다. 그들의 경제활동 속에 고아와 과부들을 위해 물질을 떼어놓아야 했었다.

3. 이웃사랑은 공의이다. 반대로 공의가 이웃사랑이다.

이웃을 사랑하면 그의 공로 때문이 아니라 하나님께서 공의로 여기시기 때문에 복을 허락하신다. 공의는 죄를 고치는 것이 아니라 사랑으로 덮는 것이다. 그래서 공동체의 공의를 따르는 것이 이웃사랑이 되는 것이었다.

4. 이웃을 외면하면 하나님도 우리를 외면하신다.

하나님께서 먼저 우리를 사랑하시고 용서하셨지만, 우리가 다른 사람을 용서하고 사랑하지 않으면 하나님의 사랑은 사라져버린다. 그리스도의 십자가 공로가 아무 효력이 없어지게 된다는 말이다. 이웃사랑이 없으면 오히려 심판을 받는다.

고아와 과부를 돌보는 것이다
❻ 나눔과 적용

구약 당시에 고아와 과부로 대표되는 소외되고 가난한 사람들은 하나님의 관심의 대상이었다. 하나님께서 깊은 관심을 가지고 살피시는 일에 사람이 관심을 가진다면 그는 복을 받을 것이다. 고아와 과부를 사랑하는 일은 그들의 모든 삶을 책임져야 한다는 말씀이 아니라 그들이 최소한 인간으로서 누려야 하는 삶을 보장해주라는 이야기이다. 물론 고아와 과부를 돌볼 때에는 마음을 다해서 보살펴야 한다. 동시에 삶의 일부분으로 받아들여서 제도로써 보장해주는 것이었다. 오늘날에는 이런 보장(의무) 차원에서 신앙인에게 책임을 지우지는 않는다. 그러나 우리는 하나님 앞에서 의무와 책임으로 그들을 대해야 한다.

1. 구약에서 고아와 과부들에게 행해지던 이웃사랑의 의무를 당신은 어떤 식으로 감당하고 있나?

2. 이웃사랑을 실천하기 위해 당신에게 가장 부족한 점은 무엇이라고 생각하는가?

> 고아와 과부를 돌보는 것이다
> **❼ 마무리 기도**

　하나님 아버지. 오늘도 참 좋은 도전을 받았습니다. 하나님께서 모세에게 명하신 구약의 모든 제도 속에 이렇게 가난하고 소외된 백성들에 대한 사랑을 강조하셨는지 더욱 깊이 깨달아 알게 됩니다. 거기에 비하면 우리 그리스도인들은 너무나도 이웃사랑에 대한 인식이 부족함을 알았습니다. 이스라엘 백성들의 삶 속에 아예 이웃사랑에 대한 의무조항들을 제정하심으로써 삶 자체에 이웃사랑을 실천할 수 있게 해 주셨습니다. 신약교회에도 하나님은 동일하게 말씀하실 것입니다. 그러나 우리는 실제로는 이웃사랑을 너무나도 소홀히 하고 있습니다.

　아버지. 우리는 오늘날 하나님의 마음을 알기를 원합니다. 너무 우리 자신과 우리 교회에만 집중되어 있었습니다. 구약의 이웃과 오늘날 우리들의 이웃이 다른 것은 사실이지만, 민족공동체에서 교회공동체로 변화된 것처럼 이웃에 대한 개념도 바꾸어서 그들을 사랑할 수 있기를 원합니다. 분명히 형제사랑이 우리들 가운데에서 먼저 일어나야 하지만 또 그만큼 우리의 불신 이웃들에게도 동일한 사랑이 전해질 수 있도록 우리를 인도해 주옵소서. 그리하여 구약공동체에 하나님의 사랑이 흐르는 것처럼 교회공동체와 우리의 이웃들에게까지 하나님의 사랑이 흘러넘칠 수 있도록 우리에게 지혜와 능력으로 인도해 주소서. 이웃사랑의 참된 길을 열어주신 예수 그리스도의 이름으로 기도드립니다. 아멘.

제7장
차별하지 않는 것이다

　하나님은 같은 백성들끼리 차별하는 것을 아주 싫어하신다. 하나님은 이스라엘 전체 민족을 가나안으로 이끄신 것이지 잘난 사람, 똑똑한 사람, 지도자들만 인도하신 것이 아니기 때문이다. 차별하지 않는 것은 이웃사랑의 아주 중요한 원리이다. 왜냐하면 하나님은 이웃을 겉으로 사랑하는 척하는 것이 아니라 마음으로 배려하고 사랑하기를 원하시기 때문이다. 그래서 가난한 사람들을 위해 무엇인가를 나누는 것만큼이나 사람을 차별하지 않는 것을 중요하게 여기시는 것이다. 하나님은 정의와 공의가 공동체에 흐르기를 원하신다. 그래야 하나님의 사랑이 충만하게 덮일 수 있기 때문이다.
　하나님은 재판을 하나님 앞에서 하는 것이라고 정의하심으로써 억울한 사람이 없도록 할 것을 강조하셨다. 그렇다고 무조건 가난한 사람의 편을 드는 것이 아니라 하나님의 정의를 따라 재판하기를 원하신다. 재판은 아니지만 삶 속에서 자기 이익을 위하여 다른 사람을 속이거나 학대하는 것을 강하게 금지하신다. 가장 차별당하기 쉬운 사람들을 살피시고 보호하셨다. 심지어 실수로 살인한 사람까지 차별당하지 않도록 도피성을 제정하기까지 하셨다. 어떤 경우에도 그 어떤 이유로든 사람은 차별당하면 안 된다.

> **차별하지 않는 것이다**
> **❶ 재판을 정의롭게 하라.**

사실상 가장 억울한 사람이 많이 발생하는 곳이 재판정이다. 그래서 율법에는 재판을 정의롭게 할 것을 강하게 명하시는 것이다. 하나님은 모든 재판을 다 보고 계신다.

1. 하나님은 이스라엘에서 발생하는 모든 재판을 정의롭게 할 것을 명하시는 근거를 무엇이라고 하셨는가? (신 1:17-18)

2. 재판에서 가장 주의를 기울여야 할 점은 무엇이라고 하시고 왜 그렇다고 하시는가? (신 27:19)

3. 또한 재판에서 조심해야 할 점 중의 하나가 차별하지 않는 것인데 하나님은 어떤 원칙을 주셨나? (출 23:2-3)

4. 재판에서는 어떤 사람들까지 보호를 받아야 한다고 지시하시는가? (신 1:16)

차별하지 않는 것이다
❷ 속이거나 학대하지 말라.

하나님은 거류민에 대해서 자기같이 사랑하라는 말씀을 주셨다. 그것은 가장 천대받기 쉬운 사람들도 속이거나 학대하지 말고 형제들과 동일하게 여기라는 말씀이었다.

1. 하나님은 거류민이나 타국인을 학대하지 말아야 하는 가장 큰 이유를 무엇이라고 하시나? (레 19:34)

2. 만약에 자기를 미워하거나 원수 같은 사람이라면 그를 어떻게 대해야 하겠나? (출 23:4-5)

3. 이웃을 속이는 사람은 하나님과 어떤 관계에 있음을 의미하는 것인가? (레 25:17)

4. 희년이란 해방과 회복을 뜻한다. 희년과 관련하여 행하지 말아야 할 것은 무엇인가? (레 25:14-15)

❸ 차별하지 말라.
차별하지 않는 것이다

아모스는 정의를 물같이, 공의를 강같이 흐르게 하는 세상을 바라보았다. 정의와 공의는 무엇인가? 딱딱하고 차가운 율법이 아니라 따뜻하고 사랑이 흐르는 모습이다.

1. 정의와 공의가 흐르는 세상이란 실천적으로는 어떤 세상을 말하는가? (렘 22:3)

2. 하나님께서 명하신 이웃사랑은 이웃과의 관계에서 어떤 것을 요구하는가? (레 19:36, 신 25:15)

3. 심지어 하나님은 성전에서 드리는 제사보다 어떤 것을 기뻐 받으시나? (잠 21:3)

4. 하나님은 우상을 섬기는 이방인이 아니라면 거류민이든 타국인이든 어떻게 대하라고 하시는가? (민 9:14)

> 차별하지 않는 것이다
> ❹ 실수한 사람을 용납하라.

율법은 당연히 거류민이든 고아이든 차별 없이 대하도록 하는데, 특히 일시적인 실수로 불이익을 당할 수 있는 사람들도 배려하게 하심으로써 억울한 사람이 없도록 명하셨다.

1. 율법은 부지중에 실수하여 죄를 지은 사람에 대해서 어떤 조치들을 내리는가? (레 4:3)

2. 만약에 부지중에 실수하여 사람을 죽였다면 그에게는 어떤 조치가 내려지나? (민 35:11-12)

3. 이스라엘에는 도피성이 여섯 군데 만들어져 있었다. 그 이유는 무엇인가? (수 20:7-8, 신 19:6)

4. 이웃사랑은 가난한 사람들에 대해서뿐 아니라 실수로 살인한 사람에게도 적용된다. 이것은 어떤 마음인가?

차별하지 않는 것이다
❺ 핵심요약정리

1. 누군가에게 유리하게 하면 재판을 굽게 하는 것이다.

재판을 굽게 하지 말라는 말씀은 재판관들에게만 해당되는 것은 아니다. 성도 개개인도 어떤 결정을 내릴 때 자신이나 누군가에게 유리하도록 한다면 유불리나 편견을 따라 사람을 차별하는 것이다. 모든 결정은 하나님 앞에서 내리는 것이다.

2. 이익을 위해 속이거나 학대하면 심각한 차별이다.

자기 자신과 같이 이웃을 사랑하는 첫 단계는 이웃의 입장이 되어보는 것이다. 그렇지 못하면 상대의 형편을 이해할 수 없게 되므로 속이거나 학대하는 마음이 생길 수 있다. 그것은 전혀 이웃을 사랑할 수 없게 만든다.

3. 사람을 차별하지 않는 것이 이웃사랑의 원리이다.

차별은 하나님의 공의와 정의의 성품과는 반대되는 마음이다. 하나님은 심지어 하나님을 대적하고 우상을 숭배한 사람들에게조차 햇빛과 비를 거두지 않으신다. 어떤 이유에서이든 차별하는 마음과 태도는 하나님을 기쁘시게 할 수 없다.

4. 실수한 사람을 용납하는 것도 중요한 이웃사랑이다.

모든 사람의 입장에 완전히 서는 것은 불가능하지만 누구라도 실수할 가능성이 있는 존재라는 사실을 받아들인다면 상대방의 실수에 관대할 줄 알게 된다. 이웃사랑은 직접적인 행위 이전에 차별하지 않는 마음으로부터 출발하는 것이다.

차별하지 않는 것이다
❻ 나눔과 적용

소외되고 어려운 사람들을 돌보는 일과 사람을 차별하지 않는 모습은 구약에서나 신약에서나 변함없는 하나님의 마음이다. 우리가 하나님의 마음을 제대로 알지 못하고 이해할 수도 없다면 우리의 이웃사랑은 불가능해진다. 이웃사랑은 율법의 구석구석에서 드러난다. 물론 이스라엘은 이방인에 대해서도 그렇게 한 것은 아니었다. 비록 이스라엘 공동체 내에만 적용되는 형제사랑의 원리였지만 그 원리가 오늘날 신약교회 성도들에게 그대로 적용이 되었고, 구약의 형제사랑은 오늘날 이웃사랑으로 확대되었던 것이다. 누구라도 어떤 의미에서든 사람들을 차별하고 있다면 엄밀한 의미에서 온전한 그리스도인이 아니다.

1. 당신은 나눔이나 섬김을 행하면서 이웃들을 차별하거나 무시하는 마음을 가진 적이 없는가? 어떤 경우였는가?

2. 율법에서 배우게 되는 이웃사랑의 원리 중 오늘 이 장에서 가장 크게 느낀 것은 어떤 점인가?

차별하지 않는 것이다
❼ 마무리 기도

　아버지 하나님, 오늘도 참 감사드립니다. 율법을 그냥 이스라엘의 존속을 위해 하나님께서 주신 질서라고 생각하고 있었는데, 사실은 율법에 온통 이웃사랑의 원리가 면면히 흐르는 사실을 더욱더 깨닫습니다. 남의 물건을 훔치지 말라거나 재판을 정의롭게 하라는 법이 그냥 질서의 법이 아니라 그 질서를 통하여 하나님의 정의와 공의가 성취되고 그것이 바로 이웃사랑의 전제조건이 되는 것을 알게 됩니다. 그에 반해서 오늘날 우리들의 의식은 구약에 나오는 그런 이웃사랑의 마음을 보여주지 못하고 있습니다. 너무나도 자기중심으로 흘러버려서 말씀도 자기에게 유리하게 해석하거나 건너뛰려는 경향이 있는 오늘날, 정말 율법에 대한 재해석이 절실해지는 것 같습니다.
　하나님, 무엇보다도 구약의 율법을 통해서 하나님의 마음과 뜻을 더욱 깊게 헤아리기를 원합니다. 구약에서와 마찬가지로 오늘날 우리나라에서도 차별에 관한 문제가 큰 논란거리들이 되고 있습니다. 일방적으로 사회의 가치를 따라갈 수는 없지만, 기독교 신앙을 훼손하지 않는 범위에서라면 그 누구도 차별할 수 없음을 잘 알고 있습니다. 우리가 정의와 공의의 하나님을 보여주어야 하는데 우리 자신이 차별이나 불공정한 모습을 보인다면 어떻게 그리스도가 전파되겠습니까? 우리가 차별 없이 정의와 공의를 행함으로써 그리스도만 드러낼 수 있도록 해주옵소서. 예수 그리스도의 이름으로 기도드립니다. 아멘.

제8장
이웃사랑의 범위

구약의 이웃은 민족 안의 형제를 뜻하는 것이었고 오늘날의 이웃은 교회 안의 형제들 이외에 우리와 함께 살아가는 이방인들을 뜻한다. 그래서 구약에서 이웃사랑이라고 할 때에는 민족의 거룩성을 지키기 위한 명령이었고, 오늘날의 이웃사랑은 교회와 성도의 영적 거룩성을 지키면서 하나님의 사랑을 전파하기 위한 목적이 있는 것이다. 그래서 구약의 이웃사랑을 살펴볼 때에는 이스라엘 민족을 향하신 하나님의 마음과 뜻을 생각하면서 이웃사랑의 본질과 원리를 배워야 한다. 개념과 적용범위가 전혀 다르지만 구약의 율법 안에 숨어있는 하나님의 뜻은 오늘날에도 똑같이 흐르고 있는 것이다.

율법은 상당히 가혹한 조치들을 명하고 있는데, 예를 들어 율법을 범한 사람들은 대개는 죽음으로 그 대가를 치러야만 했는데 반드시 그렇게 하신 까닭은 바로 민족 안에 죄와 악을 최소화하기 위해서인 것이다. 그것은 육적인 제거가 아니라 영적인 거룩성이라는 면에서 오늘날의 교회와 동일하다. 그래서 율법은 우상숭배한 사람, 부모에게 죄 지은 사람을 죽이도록 했고 하나님께서 정해주신 레위인들의 권위를 보장했으며, 이방인들에게는 잔혹하게 대하게 했던 것이다. 이스라엘이 거룩하지 못하고는 온 세상에 하나님의 사랑이 넘칠 수 없는 것이다.

이웃사랑의 범위
❶ 내가 거룩하니 너희도 거룩하라.

하나님께서 믿음을 요구하시는 이유는 온전하게 하나님께 모든 삶을 맡김으로써 거룩해지게 하시기 위함이었다. 오직 여호와 신앙으로만 세상을 거룩하게 이길 수 있는 것이다.

1. 하나님께서 아브라함을 부르실 때 주셨던 약속은 사실은 무엇을 위함이었는가? (창 12:3下)

2. 그리스도인은 당연히 윤리와 도덕을 철저하게 지켜야 한다. 근본적인 목적은 무엇인가?

3. 하나님께서 이루고자 하시는 나라는 구약이나 신약이나 동일하다. 공통적으로 요구하시는 것은 무엇인가? (레 20:26)

4. 오늘날 교회가 세상의 비난을 받고 외면 받게 된 근본적인 원인은 어디에 있는가?

이웃사랑의 범위
❷ 우상숭배한 사람은 반드시 죽이라.

율법에는 결코 받아들일 수 없는 수많은 명령들이 포함되어 있다. 그 중에서 특히 우상숭배한 사람들은 반드시 죽이라고 되어있다. 이방인의 개념도 이것과 깊은 관계가 있다.

1. 우상 몰렉을 숭배하는 이방인의 풍속을 따라가는 사람을 죽이게 한 이유는 무엇인가? (레 20:3)

2. 몰렉 숭배자는 반드시 그 이웃이 죽이게 했는데 그 이유는 무엇이고 행하지 않으면 어떻게 되는가? (레 20:4-5)

3. 모세는 금송아지 숭배자들을 어떻게 처리하게 했는가? 그리고 그것은 무엇이 될 것이라고 했는가? (출 32:27-30)

4. 하나님은 여호와 신앙을 무너뜨릴 수 있는 가나안 족속들에 대해서 어떻게 명하셨는가? (신 7:2-4)

> **이웃사랑의 범위**
> ### ❸ 율법을 범하는 사람은 죽이라.

하나님은 우상숭배자들뿐 아니라 율법을 범하는 사람들도 죽이라고 하셨다. 이스라엘에 대한 우상숭배의 교묘한 침투를 막아내고 내부의 타락에서도 지켜내기 위해서였다.

1. 부모에게 패역한 자식을 어떻게 처리하게 하셨으며 그 이유는 무엇인가? (신 21:18-21)

2. '눈에는 눈으로 이에는 이로'라는 동해보복법은 사실상 어떤 목적으로 명하신 법인가? (레 24:20-22)

3. 예수님은 동해보복법으로부터 더 나아가서 어떻게 이웃을 더 사랑하라고 하셨나? (마 5:43)

4. 예수님은 교회가 거룩성을 지킬 수 있는 이유를 무엇이라고 말씀하셨나? (요 17:15-17)

이웃사랑의 범위
❹ 죄와 악을 제하라.

하나님은 하나님의 일을 감당하는 사람들부터 거룩하게 구별하셨다. 그것은 세상의 모든 죄와 악으로부터 이스라엘을 구별하시려는 하나님의 거룩한 명령이었다.

1. 백성들이 제사장이나 레위인의 일을 거들면 하나님은 어떻게 하셨나?
   (신 10:8-9, 민 1:51)

2. 제사장이나 재판관의 결정을 듣지 않으면 어떻게 했으며 그 이유는 무엇인가? (신 17:12-13)

3. 공동체 안에 악이 남아있을 때 어떤 일이 일어났는지 작은 아이성 공격을 이야기해보라. (수 7:13)

4. 구약에서 악을 제하고 거룩성을 지키는 방법은 죽음이었지만 신약에서는 무엇으로 거룩성을 지켜야 하나?

이웃사랑의 범위
❺ 핵심요약정리

1. 당신이 거룩하지 못하면 복이 아니라 저주이다.

하나님께서 아브라함에게 복을 주신 까닭은 모든 족속들이 복을 받게 하기 위함이었다. 믿음으로 거룩해지지 않으면 복의 근원이 될 수 없다. 하나님은 이스라엘이 거룩해지도록 율법을 주셨다. 율법은 거룩성을 지키기 위한 최소한의 명령이었다.

2. 거룩함이 빠진 이웃사랑은 자기과시일 뿐이다.

율법은 반드시 우상숭배와 직접적인 관련이 있다. 거룩함을 방해하는 가장 강한 세력이 우상숭배이다. 이방인이란 우상 숭배하는 족속이라는 말이다. 우상숭배의 죄를 제거하기 위해 우상숭배자를 죽음으로 심판하게 하셨던 것이다.

3. 거룩함을 훼방하는 그 어떤 것도 우상숭배이다.

율법을 범하는 것도 우상숭배의 일종이다. 하나님 이외의 것을 숭배하는 것이기 때문이다. 이스라엘은 율법을 범한 자를 이웃이나 형제가 죽이도록 하여 공동책임으로 돌렸다. 이스라엘이 거룩함을 버리면 하나님과 관계없는 이방 민족이 될 뿐이다.

4. 세속에서 구별하는 것에서 이웃사랑이 시작된다.

우상을 비롯한 죄와 악은 작은 것이 침투해 와도 공동체 전체를 무너뜨릴 수 있다. 그래서 죄를 죽음으로 해결하게 하셨던 것이다. 신약교회와 성도들도 윤리적, 영적, 경제적 거룩함을 지킬 때에 이웃사랑을 통해 하나님의 사랑이 전파되는 것이다.

이웃사랑의 범위
❻ 나눔과 적용

구약에서의 이웃사랑의 범위는 같은 이스라엘 민족에 국한되어 있었다. 그것은 알다시피 이스라엘의 영적 순수성을 지켜내기 위한 하나님의 고육지책(苦肉之策)이라고 할 수 있다. 다만 이스라엘은 이런 점을 거의 깨닫지 못하고 율법의 각 조문을 지키는 데에만 초점을 두었다. 그래서 하나님의 명령은 더 살벌할 수밖에 없었다. 그러나 끝내 예수님 당시의 바리새인들은 심각한 율법주의자가 되어 예수님을 십자가에 매달았다. 아무튼 구약의 율법은 이스라엘의 거룩성을 지키기 위해 공동체 안의 이웃사랑만 강조할 수밖에 없었다. 결국 율법은 예수님의 죽음으로 근본적인 전환이 이루어지게 되었던 것이다.

1. 이 장에서 당신이 새롭게 이해하게 된 사실이 있다면 이야기해보라.

2. 신약적인 의미에서 우상숭배에 해당되는 것이 생각난다면 이야기해 보라. 그것을 어떻게 금할 수 있겠는가?

이웃사랑의 범위
❼ 마무리 기도

　아버지 하나님. 구약의 율법에 나타나는 하나님의 명령은 참으로 이해할 수 없는 내용들이 많았습니다. 현대적인 시각이 아니라 고대적인 시각에서 보더라도 너무 폐쇄적이고 무자비한 명령이었습니다. 하지만 이스라엘은 하나님의 유일한 자녀들이었고 온 세상은 마귀의 지배 아래 있어서 죄로 얼룩져있었던 그 당시의 하나님의 명령은 하나님의 자녀들을 마귀로부터 지키기 위한 명령이었음을 깊이 이해하게 되었습니다. 이제 그들의 공동체 안에서 행해지던 이웃사랑의 모든 원리가 오늘날 신약교회 성도들에게도 어김없이 지켜져야 비로소 교회다움을 잃어버리지 않고 하나님의 사랑, 그리스도의 복음을 세상에 그대로 전파할 수 있음을 알았습니다.
　아버지, 오늘 우리들의 삶 속에 숨어있는 우상숭배의 요소들을 발견하기를 원합니다. 구약시대와 마찬가지로 그것은 교묘하게 생활 속에서 펼쳐지고 있을 것입니다. 더욱 현실적이고 힘과 능력이 있는 모습으로 우리에게 인식될 것입니다. 그러므로 우리가 더욱 말씀으로 잘 분별하고 하나님께서 그토록 경계하시는 우상숭배의 죄에 빠지지 않도록 해 주시옵소서. 우리가 우리도 모르는 사이에 물질우상, 성공우상, 권력우상에 빠진다면 우리가 아무리 희생적으로 이웃을 도와준다고 해도 그것은 단지 자기 의가 될 뿐임을 알게 해 주옵소서. 우리에게 참된 이웃사랑의 길을 여시고 본을 보여주신 예수 그리스도의 이름으로 기도드립니다. 아멘.

제3부

자기 자신처럼 사랑하기

제9장
먼저 형제를 사랑하라

　신앙성장의 가장 효과적인 방법은 이웃사랑이다. 왜냐하면 신앙은 사람과의 부딪침을 통하여 자라는 것이기 때문이다. 그리스도인의 삶은 이웃사랑을 통해 하나님사랑을 표현하는 과정들이다. 이웃을 사랑하지 않으면 하나님을 사랑하는 것이 아니고 또 이웃사랑이 아니면 하나님을 사랑할 수도 없다. 그런데 성경은 이웃사랑이란 이웃을 자기 자신과 같이 사랑하는 것이라고 한다. 하지만 이웃을 자기 자신처럼 사랑하기 위해서는 의욕만 가지고 되는 것은 아니다. 왜냐하면 그렇게 되기까지 많은 연단과 훈련이 필요하기 때문이다. 그 훈련 과정이 바로 교회 안의 형제사랑이다. 형제사랑으로 배우고 훈련할 때 비로소 이웃을 진정으로 사랑할 수 있게 되는 것이다.

　형제란 누구인가? 이스라엘에서와는 달리 민족적인 공동체의식이 아니라 믿음의 공동체의식이 바로 형제사랑의 출발이다. 형제사랑은 먼저 상대방을 인정하는 데에서 시작된다. 그렇게 되면 형제를 사랑하고 용서하며 비판하지 않게 된다. 진정한 형제사랑은 형제를 배려하고 이해하며 작은 것부터 섬기는 것이다. 이것은 서로사랑으로 발전되어야 하다. 서로사랑이 아니면 배울 것이 없게 된다. 하지만 무조건 좋기만 한 것이 아니다. 마귀는 오히려 사랑의 틈새를 공격하기 때문이다.

먼저 형제를 사랑하라
❶ 누가 형제인가?

이웃사랑의 훈련소이자 천국의 모형인 교회가 거룩하지 못하면 하나님의 사랑을 세상에 보여줄 수 없다. 교회가 거룩해지는 가장 핵심적인 요인이 바로 형제사랑이다.

1. 구약에서 하나님의 공동체가 거룩성을 지키는 일에 끝내 실패한 까닭은 무엇인가?

2. 교회 자체가 거룩해지지 않으면 세상에서 교회를 지킬 수가 없다. 율법의 이웃사랑은 결국 무엇인가?

3. 그렇다면 예수님은 교회의 거룩성을 지키기 위한 형제사랑의 범위를 어떻게 규정해 주셨나? (마 12:49-50)

4. 형제간에 서로 사랑해야 하는 가장 근본적인 이유는 무엇인가? (요일 4:10-11)

> 먼저 형제를 사랑하라
> ## ❷ 용서하고 비판하지 말라.

예수님은 우선적으로 형제를 용서하고 비판하지 말라고 하신다. 그것은 사랑의 명령이다. 형제를 사랑한다면서 미워하고 비판할 수는 없을 것이다. 그 사랑으로 세상에 나가야 한다.

1. 구약에서 죽음으로 공동체의 거룩성을 지켰다면 신약에서는 무엇으로 교회의 거룩성을 지켜야 하나?

2. 어떻게 엄격한 질서가 아니라 용서와 사랑으로 교회의 거룩성을 지킬 수 있는가?

3. 형제를 용서하고 비판하는 사람은 이기적인 사람이다. 하나님은 그 사람을 어떻게 보시는가? (마 18:35)

4. 형제를 용서하고 사랑하지 못하고 계속 비판하는 사람은 결국 무엇을 비판하는 사람이 되는가? (약 4:11)

> 먼저 형제를 사랑하라
> ### ❸ 적극적인 형제사랑

형제사랑은 소극적으로는 용서하고 비판하지 않는 것이다. 그러나 더 적극적으로 형제를 사랑할 수 있어야 하는데, 그것이 참된 이웃사랑으로 연결되기 때문이다.

1. 적극적인 이웃사랑의 첫 단계는 하나님 앞과 사람 앞에 어떤 태도를 가지는 것인가? (약 4:10, 마 23:11-12)

2. 적극적인 형제사랑의 또 다른 측면은 어디에 관심을 가지는가에 달려 있다. 무엇을 돌보아야 하는가? (마 25:40)

3. 적극적인 형제사랑은 형제를 배려하는 데에서 시작된다. 바울은 어떤 점까지 배려했나? (롬 14:15, 21)

4. 다툼을 예상하면서도 형제의 어떤 점까지 생각해서 행할 수 있어야 하는가? (요일 5:16, 마 18:15-17)

먼저 형제를 사랑하라
❹ 형제사랑은 서로사랑이다.

이웃사랑은 일방적인 경우가 많겠지만 형제사랑은 서로사랑이어야 한다. 서로사랑이 이루어지려면 먼저사랑이 우선이다. 우리가 한없는 먼저사랑을 하나님으로부터 받았기 때문이다.

1. 형제사랑의 핵심은 '먼저'이다. 그 '먼저'는 무엇으로부터 시작되어야 하는가? (마 6:33)

2. 먼저 형제를 사랑해야 하는 이유는 무엇이고 그것은 어떤 마음으로 가능해지는가? (딤전 1:16, 마 7:5)

3. 먼저 형제를 사랑하기 위해 겉으로 드러내야 할 자세는 어떤 모습이어야 하는가? (갈 5:13)

4. 그러나 서로사랑의 최종적인 수준에 다가가려면 어디에 목표를 두어야 하나? (벧전 1:22)

먼저 형제를 사랑하라
❺ 형제 속의 마귀에 대하여

그렇지만 서로사랑으로 형제사랑이 넘친다고 해도 그것을 훼방하는 요소가 반드시 일어나게 되어 있다. 지나친 사랑도 가능하고 마귀의 거짓과 유혹에 의해서도 가능해진다.

1. 육신적인 생각을 파고들어오는 행동은 형제사랑을 무너뜨린다. 예수님은 무엇이라고 하셨나? (마 16:23)

2. 거짓사랑으로 무장한 채 몰래 들어온 가짜 형제들의 목적은 최종적으로 무엇인가? (갈 2:4)

3. 어떤 경우이든 거짓사랑으로 교회와 형제를 무너뜨리려는 무리들의 공통점은 무엇인가? (요이 1:7)

4. 교묘한 거짓사랑으로 교회에 분란을 일으키는 무리들이 나타난다면 교회는 어떻게 해야 하는가? (고전 5:11)

> 먼저 형제를 사랑하라
> ## ❻ 핵심요약정리

1. 교회의 거룩성은 당신의 형제사랑으로 지켜진다.

예수님이 오신 후, 엄격한 율법이 아니라 그리스도의 사랑으로 형제를 사랑함으로써만 이 교회의 거룩함은 성취된다. 치리나 징계가 아니라 용서와 사랑으로 깨끗해지는 것이다.

2. 당신이 형제를 깔본다면 하나님도 당신을 깔본다.

형제를 용서하고 비판하지 않는 전제는 우리가 용서를 받았다는 것이다. 형제를 용서하지 못한다면 당신이 하나님이 되는 것이다. 용서하지 못하면 죄악은 무한 반복될 뿐이다.

3. 모든 형제의 장점을 모른다면 형제사랑이 아니다.

형제사랑은 적극적이어야 한다. 적극적인 형제사랑은 자기를 낮추고 형제를 높이고 작은 일에 힘쓰며 소외된 형제를 배려하며 형제가 죄를 지으면 돌이키도록 애쓰는 것이다.

4. 먼저 사랑할 수 있다면 당신의 영혼은 깨끗한 것이다.

형제사랑은 서로사랑이 되어야 하는데 그것은 먼저사랑으로부터 출발하고 본을 보여주며 사랑으로 바라보고 먼저 섬기는 것을 뜻한다. 최종적으로는 영혼이 깨끗해지는 것이다.

5. 언제라도 마귀가 당신을 침범할 수 있음을 인정하라.

일시적인 감정이 교회가 분열되게 하지만 많은 경우에 마귀의 미혹이 공동체를 무너뜨린다. 결론이 내려지면 단호하게 분리해야 하지만 누구라도 마귀의 쓰임 받을 가능성이 있다.

먼저 형제를 사랑하라
❼ 나눔과 적용

그리스도인은 누구나 형제사랑을 통하여 신앙이 성장하게 된다. 구약에서와는 달리 신약의 교회에서는 형제사랑을 통하여 거룩함을 유지할 수 있기 때문이다. 보통 세속화에 대한 이야기를 많이 하지만 교회가 세상과 온전하게 구별되는 방법은 그리스도의 사랑으로 서로 사랑하는 데에서 찾을 수 있다. 곧 교회와 세상의 중요한 차이점이 바로 형제사랑이라는 것이다. 교회 안의 형제사랑은 예수님의 십자가 희생에 그 뿌리를 두고 있다. 형제사랑이란 그리스도의 목숨을 주시는 사랑으로 섬기는 것이라는 말이다. 그런 형제사랑이 바로 복음이며 그런 사랑을 배우고 훈련할 때에야 비로소 이웃사랑이 가능해지는 것이다.

1. 당신이 형제를 진정으로 사랑하는 데 가장 크게 방해되는 요소는 무엇인가? 게으름, 교만, 분주함, 의식의 결여 등.

2. 교회나 기관에서 당신이 경험했던 감동적인 형제사랑이 있었다면 소개해보라. 반대의 경우에 당신은 어떻게 하겠는가?

먼저 형제를 사랑하라
❽ 마무리 기도

  아버지 하나님. 참으로 감사드립니다. 형제사랑은 우리의 신앙생활에서 가장 현실적으로 부딪치는 문제인데 이렇게 그 원리와 근거를 배우게 하심을 감사드립니다. 그리고 내가 먼저 형제를 사랑하려고 행하지 못했던 것들을 회개합니다. 너무 소극적으로 성도들을 대했고 너무 감정적으로 생각할 때가 많았습니다. 그러나 그리스도의 사랑에 기반을 둔 형제사랑을 경험하지 못하면 세상에 나가서 이웃을 제대로 사랑하기 힘들 뿐만 아니라 오히려 세속에 휩쓸리게 될 수 있다는 사실을 오늘 배웠습니다. 형제사랑이 교회의 교회다움을 보여줄 수 있는 중요한 수단임을 다시 한 번 깨닫게 해주시니 감사드립니다.

  아버지. 우리가 먼저 형제에 대한 관심을 가지고 작은 것에서부터 섬길 수 있기를 원합니다. 형제의 허물이 아니라 장점이 먼저 보이게 하시고 하나님께서 보시는 귀한 점을 먼저 알게 하소서. 그래서 혹시 우리에게 상처라도 준 사람에게서 상처를 생각하는 것이 아니라 똑같은 연약함을 발견하게 하시고 용서하고 형제를 비판하지 않도록 해 주시옵소서. 먼저 깨닫게 하심으로써 우리가 먼저 형제를 사랑하게 하시고 더욱 적극적으로 형제의 영혼을 사랑할 수 있게 하옵소서. 그래서 우리와 형제들의 영혼이 깨끗해지게 하시고, 또 형제사랑을 훼방하고 교회를 분열시키는 악한 영들을 분별하게 하시고 그런 요소들을 끊어버릴 수 있도록 지혜를 주시옵소서. 진정한 사랑을 주신 예수 그리스도의 이름으로 기도드립니다. 아멘.

제10장
이웃이 되는 것이다

  이웃사랑을 나눔이나 섬김으로 한정짓고 주변의 어려운 사람들을 돕는 것으로만 생각하기 쉽다. 그것은 이웃사랑이란 예수님의 목숨을 버리는 희생적인 사랑에서 기인된다는 사실과, 그 사랑이 교회와 성도들을 통해 세상으로 흘러가는 것이라는 의미를 생각하지 못하기 때문이다. 그리스도의 사랑으로 채워지지 못한 상태에서의 이웃사랑은 지극히 한정적일 수밖에 없다. 어떻게 하는 것이 이웃을 자기 자신과 같이 사랑하는 것인가? 너무나도 분명하게 우리는 그리스도의 사랑으로부터 그 원리를 찾고 그 원리를 따라 이웃을 사랑할 수 있어야 한다.

  한 마디로 그리스도의 사랑은 죄인인 우리 자신이 되시는 것이다. 그래서 예수님이 죽으시는 것이 아니라 우리가 죽은 것이 되는 것이다. 그래서 우리는 거듭날 수 있는 것이다. 그런 생각에서 출발한다면 우리가 이웃에게 무엇을 '베푸는' 것이 결코 아니다. 단지 예수님 사랑의 통로가 되는 것이다. 우리가 이웃이 된다면 우리는 마음으로부터 우러나오는 사랑을 제공해야 하며 차별하지 않을 뿐만 아니라 몸으로 섬기며 끝까지 책임지는 자세를 가지는 것이다. 그것은 내가 대접받고 싶은 대로 대접하는 것이고, 그것은 산 제사로 드리는 참된 예배가 되는 것이다. 그것이 바로 이웃이 되는 것이고 참된 의미의 대신사랑인 것이다.

> 이웃이 되는 것이다
> # ❶ 내 이웃이 누구입니까?

자기중심적인 시각으로는 우리의 이웃은 단지 이웃이지만 이웃중심적인 시각으로는 우리가 바로 그 이웃이다. 그래서 누가 이웃이냐고 물을 때 예수님은 이웃이 되라고 하신 것이다.

1. 어떤 율법교사가 예수님께 영생에 대해서 질문할 때 가장 핵심적인 답변을 했다. 무엇인가? (눅 10:27)

2. 그러나 예수님의 지시는 너무나도 간단했다. 결국 무엇이겠는가? 이웃에 대해 어떻게 하는 것인가? (눅 10:28)

3. 이웃사랑의 가장 핵심적인 요소를 명확하게 보여주는 어떤 사마리아 사람의 행동은 무엇이었나? (눅 10:33-35)

4. 예수님의 결론은 무엇인가? 우리가 도와야 할 이웃들은 누구인가? (눅 10:36-37)

이웃이 되는 것이다
❷ 이웃이 된다는 의미

개역한글판에는 이웃을 자기 자신과 같이 사랑하라는 말씀이 "이웃을 네 몸과 같이 사랑하라"고 번역되어 있다. 내 몸을 돌보듯이 이웃을 사랑한다면 그것은 아예 이웃이 되는 것이다.

1. 이웃을 자기 자신과 같이 사랑해야 하는, 곧 도울 때 아예 그 이웃이 되어야 하는 가장 큰 이유는 무엇인가?

2. 어려운 이웃을 자기 자신처럼 사랑할 때 가장 먼저 우리 속에서 나오는 감정은 어떤 것이겠는가? (막 1:41)

3. 이웃을 도울 때 아예 그 이웃이 되어 사랑해야 한다면 마지막 원칙은 무엇인가? (눅 10:35)

4. 이웃을 우리 자신을 돌보는 것처럼 도와줄 때 가장 경계해야 할 마음가짐은 무엇인가?

이웃이 되는 것이다
❸ 마음으로 사랑하는 것이다.

바울은 이웃을 위해 목숨을 주어도 사랑이 없으면 아무 것도 아니라고 했다. 세상의 이웃사랑은 돕는 행위 자체에 의미가 있지만 복음적인 이웃사랑은 마음에 의미가 있는 것이다.

1. 그리스도의 사랑은 영혼사랑이다. 비유적으로 영혼을 사랑하는 마음이 없으면 어떻게 되겠나? (마 18:32-34)

2. 마음에서 우러나오지 않는 어떤 사랑도 하나님께는 소용이 없다. 우리는 무엇을 위해 부르심 받았나? (벧전 3:8-9)

3. 마음으로 이웃을 자기 자신처럼 사랑한다는 말은 형제나 이웃을 어떻게 대해야 한다는 말인가? (약 2:8-9)

4. 이웃을 차별하여 대하면 마음으로 사랑하는 것이 아닌 이유는 무엇인가? (롬 13:10)

이웃이 되는 것이다
❹ 몸으로 사랑하는 것이다.

아무리 이웃을 뜨거운 마음으로 사랑한다고 해도 실제로 도움이 되지 못한다면 온전한 이웃사랑은 아니다. 복음은 언어로써 전파되지만 그 언어는 삶과 행동의 언어여야 한다.

1. 예수님께서 우리 죄인들을 구원하신 것은 무엇으로 인한 것인가? 능력인가, 힘인가? (갈 1:4-5)

2. 몸으로 이웃을 사랑하면 하나님의 마음을 알 수 있다. 우리의 믿음은 무엇으로 완성되는가? (약 2:22)

3. 형제나 이웃을 자기 자신처럼 사랑하는 가장 기본적이고 핵심적인 원칙은 무엇인가? (마 7:12)

4. 교회예배를 드렸어도 삶의 예배를 드리지 않으면 반쪽 예배가 될 수 있다. 어떻게 해야 하는가? (롬 12:1)

> 이웃이 되는 것이다
> **❺ 이웃을 대신하는 것이다.**

이웃을 도울 때 아예 이웃이 되라는 말은 이웃을 대신하여 그 일을 하라는 것이다. 그러면 그 일은 내 일이 되는 것이다. 그것이 그리스도께서 우리를 대신하여 죽으신 사랑이다.

1. 우리가 구원받은 것은 예수님이 몸으로 희생하셨기 때문이다. 그것은 우리와 어떤 관계에 있나? (딛 2:14)

2. 이웃을 대신한다는 것은 소극적이 아니라 이웃에게 유익한 일을 적극적으로 하는 것이다. 무엇 때문인가? (고후 5:21)

3. 야곱의 넷째 아들 유다 지파에서 어떻게 다윗이 태어났고, 그 후손이 그리스도가 되셨나? (창 44:33)

4. 이웃을 대신하는 사랑과 함께 우리는 이 세상을 어떤 원리로 살아야 하는가? (고후 5:20)

이웃이 되는 것이다
❻ 핵심요약정리

1. 당신이 이웃이 되려고 하면 사랑할 이웃이 나타난다.
누가 우리의 이웃인가 하는 질문에 대해 예수님은 이웃에게 어떻게 해야 할지를 설명하심으로써 이웃사랑이 추상적인 것이 아니라 지극히 현실적인 것임을 말씀해주셨다.

2. 이웃이 되라는 것은 이웃과 동일시가 되는 것이다.
예수님은 우리가 되셔서 희생당하셨다. 우리가 예수님처럼 이웃을 불쌍히 여기고 끝까지 사랑하며 베푸는 것이 아니라 그리스도의 사랑을 줄 때 동일시가 이루어지는 것이다.

3. 누군가를 차별하여 미워한다면 이웃사랑은 불가능하다.
모든 사람에게 똑같을 수는 없지만 모든 사람을 위해 예수님이 죽으셨다는 사실을 믿는다면 우리는 모든 사람에게 우리의 마음을 쏟아야 한다. 마음이 빠지면 사랑이 아니다.

4. 이웃을 사랑하는 것이 진정한 예배를 드리는 것이다.
예수님은 우리의 구원을 위해 몸을 버리셨다. 몸으로 사랑하는 것은 내가 대접받고 싶은 대로 대접하는 것이다. 그러면 하나님의 마음을 알게 되고 거룩한 산 제사가 되는 것이다.

5. 이웃사랑은 예수님대신, 이웃을 대신하는 것이다.
마치 유다가 베냐민대신 종이 되겠다고 한 것처럼 예수님의 대신사랑을 깨달아 그들이 알지 못하더라도 예수님대신 사랑하는 것이다. 그것이 이웃을 대신하는 사랑이다.

이웃이 되는 것이다
❼ 나눔과 적용

내가 이웃이 된다는 것은 실현 불가능한 비현실적인 사랑이다. 그러나 우리 신앙인들은 다른 종교를 믿는 것이 아니다. 예수님의 희생을 믿는 것 자체가 너무나도 비현실적이다. 현실적인 믿음이라면 다른 종교와 무엇이 다르겠는가? 우리의 이웃사랑은 대신사랑이지만 우리 자신이 이미 우리가 되신 예수님의 희생으로 구원받았기 때문에 가능해진 것이다. 육신으로는 감당할 수 없지만 우리 안에 계시는 성령님의 동행하심으로 말미암아 이웃이 되는 것이 가능한 것이다. 모든 시간이 아니라 우리가 이웃을 사랑해야 할 때 우리는 그 이웃이 되는 것으로부터 시작해야 하는 것이다.

1. 당신이 사랑해야 할 이웃은 누구라고 생각하는가? 혹시 그 이웃을 찾고 있지는 않는가? 이웃은 어디에도 존재한다.

2. 이웃에게 사랑을 행할 때 혹시 더 낮은 사람에게 베푼다는 생각으로 행하지는 않았는가? 그것이 왜 안 되는 것인가?

> 이웃이 되는 것이다
> ❽ 마무리 기도

　아버지 하나님. 참으로 감사드립니다. 그리스도인으로서 이웃사랑은 그리스도를 대신하여 이웃들을 사랑하는 것임에도 여태까지 그런 생각을 전혀 못했었는데 오늘 깨우쳐주셨습니다. 만약에 우리가 이웃이 되어주지 못한다면 그것은 다른 종교나 세상의 사랑과 조금도 다를 것이 없겠다는 생각을 했습니다. 물론 모든 경우에 모든 사람을 그렇게 사랑할 수 있는 것은 아니겠지만 적어도 우리 앞에 도움이 필요한 사람이 있을 때에는 그런 마음으로 사랑해야 하겠다는 것을 알았습니다. 참으로 중요하고 핵심적인 본질을 다시 깨달을 수 있게 하시니 진정으로 감사드립니다.

　하나님, 여태까지 그런 것을 몰랐던 점을 용서하기 바랍니다. 그것이 예수님이 이 땅에 오신 목적인데 우리는 그저 우리가 구원받고 이웃들이 구원받도록 이끄는 것만을 최상으로 여기면서 살아왔습니다. 그러나 이제부터는 우리를 대신하시는 예수님의 마음을 가지고 이웃을 바라볼 수 있도록 도와주시고 이웃을 사랑해야 할 때에는 우리가 그 이웃이 됨으로써 온전히 그들과 한마음이 될 수 있도록 도와주시옵소서. 우리의 이웃사랑을 통하여 그 이웃들이 예수님의 사랑을 발견하고 깨달을 수 있도록 해주옵소서. 그리하여 하나님의 그 크신 사랑으로 무장함으로써 교회와 성도들의 거룩함을 지킬 수 있도록 해 주소서. 우리를 대신하여 희생해주신 예수 그리스도의 이름으로 기도드립니다. 아멘.

제11장
누구를 어떻게 사랑할 것인가?

　어떤 대상을 찾아서 특정한 행동을 하는 것만이 이웃사랑이 아니라 우리의 일상생활 가운데 부딪치는 모든 사람들을 대할 때 마치 그리스도를 섬기는 것과 같은 마음으로 하는 것이 이웃사랑이다. 이웃사랑이라는 말은 모든 사람을 위해 십자가에 못 박혀 돌아가신 그리스도를 대신하여 이 땅에서 사람들을 섬기는 것이다. 그리스도인의 이웃사랑은 형제사랑과 더불어 믿지 않는 사람들을 대하는 태도를 뜻하는 것이다. 그리스도인들이 특정한 상황에 있는 이웃들을 돕는 일은 여전히 그리스도인들의 몫으로 행해야 할 일들이다. 그런 기본적인 일들을 하기 이전에 근본적이고 본질적인 마음과 태도를 가져야 한다는 것이다.

　그리스도인의 이웃사랑은 기본적으로 어려움 당하는 사람들이나 도움이 필요한 사람들에게 당장 시급한 일을 해결해주려는 마음으로부터 출발한다. 가난하거나 소외되거나 고아와 과부 같은 입장에 있는 사람들이나 나그네들이나 소외된 약자들이나 소수자들에게 관심을 가지고 당장 우리가 할 수 있는 일을 찾아보는 것이다. 물론 우리가 우리 자신을 사랑하는 것과 같은 마음으로 그들과 마음을 같이해야 할 것이다. 때로는 사회의 구조적 틈새에서 헤어나지 못하거나 소득 불균형의 갈등에서 벗어나지 못하는 사람들도 우리가 진정으로 사랑해야 할 대상들이다.

누구를 어떻게 사랑할 것인가?
❶ 가난한 사람들

이웃사랑의 가장 대표적인 대상들은 가난한 사람들이다. 가난한 사람들을 돕고 사랑함으로써 우리는 그리스도의 깊은 사랑을 배울 수 있다. 우리는 우리의 소득으로 그들을 섬겨야 한다.

1. 아무리 신앙생활을 열심히 해도 한 가지 부족한 것은 무엇이겠는가? (눅 18:22)

2. 가난한 사람들을 돕는 최후의 목적은 무엇이어야 하는가? 그 예를 들어보라. (행 4:33-35)

3. 그리스도인들의 경제활동의 가장 이상적인 모습은 어떤 것이라고 할 수 있는가? (엡 4:28)

4. 그리스도의 마음으로 가난한 사람들을 바라보고 도와준다면 우리에게는 어떤 일이 일어나는가? (고후 9:9)

> 누구를 어떻게 사랑할 것인가?
> ❷ 고아와 과부

이스라엘에서의 고아와 과부에 해당되는 사람들은 무수하게 존재한다. 그들은 사회체제에서 벗어난 사람들이다. 우리가 돕지 않으면 그들은 힘겨운 삶을 살 수밖에 없을 것이다.

1. 다비다는 과부들을 자기 자신과 같이 사랑했던 사람이었다. 어디에서 그것을 느낄 수 있나? (행 9:39)

2. 우리가 이웃을 우리 자신처럼 사랑한다면 결국 어떤 일이 일어나는가? 우리의 진짜 목적은 무엇인가? (행 9:41-42)

3. 고아나 과부를 사랑하지는 못할망정 오히려 그들에게서 이득을 취한다면 그들은 어떻게 되는가? (눅 20:46-47)

4. 예배를 아무리 잘 드려도 이것이 빠지면 헛된 종교생활이 될 뿐이다. 그것은 무엇인가? (약 1:27)

누구를 어떻게 사랑할 것인가?
❸ 장애를 가진 사람들, 지체 부자유자들

우리가 예수님처럼 모든 질병과 장애를 치유할 수 있는 것은 아니다. 다만 우리는 그들이 필요로 하는 것이 무엇인지를 알아보고 마음을 함께 하며 도와주어야 한다.

1. 베데스다 못가의 38년 된 환자의 소원은 무엇이었나? 예수님의 근본적인 목적은 무엇이었나? (요 5:7, 14)

2. 중풍병자를 데리고 온 네 사람의 마음은 어떤 마음이었겠는가? 그들의 결단을 이야기해보라. (막 2:4)

3. 모든 이웃이 마찬가지이지만 돌보아야 할 장애인을 만날 때는 어떤 기대를 먼저 해야 하는가? (요 9:1–3)

4. 그러나 예수님은 그들에게서부터 무엇을 이끌어내셨는가? 이웃사랑이란 무조건 도와주는 것만은 아니다. (막 10:50–52)

누구를 어떻게 사랑할 것인가?
❹ 나그네들

물론 나그네라 함은 우리들 주변의 외국인들이나 임시로 살고 있는 이웃들을 말하는 것이다. 어쨌든 소외되고 차별당하기 쉬운 타국인들은 우리 자신처럼 사랑해야 할 대상들이다.

1. 우리가 나그네들을 사랑하고 도와주어야 할 명백한 이유는 무엇인가? (벧전 2:11)

2. 마찬가지로 하나님은 왜 나그네들이나 거류민들을 자기같이 사랑하라고 하셨나? (레 19:34)

3. 예수님은 양과 염소의 비유에서 나그네를 대접하는 일은 어떻게 행해져야 한다고 말씀하셨나? (마 25:44)

4. 그래서 신약교회에서도 이런 가르침을 따라서 교회 중직들에게 어떤 조건을 요구하고 있는가? (딛 1:8, 딤전 3:2)

누구를 어떻게 사랑할 것인가?
❺ 사회적 약자들

예수님은 소외된 약자들에게 더 큰 사랑을 베푸셨다. 그들이 어떻게 느끼든지 하나님을 진정으로 필요로 하는 사람들이기 때문이다. 그래서 우리가 그들에게 필요한 것이다.

1. 예수님께서 부자나 권력자들이 아니라 약자들이나 죄인들과 더 자주 어울리신 이유는 무엇인가? (막 2:17)

2. 그리스도인은 소득계층의 틈새를 메워주는 사람들이다. 구약에서 가장 대표적인 배려는 무엇인가? (신 24:15)

3. 소외된 이웃들을 물질과 몸으로 섬겨야 하지만 가장 중심적인 이웃사랑의 자세는 무엇인가? (롬 12:15)

4. 이웃사랑의 법에서 차별은 있을 수 없는 일이다. 그 이유는 무엇인가? (약 2:1)

누구를 어떻게 사랑할 것인가?
❻ 핵심요약정리

1. 필요한 경우, 가난한 사람들에게 헌금을 바쳐라.

가난한 사람들을 돕는 것은 내 것이 모두 하나님의 것이라는 믿음이 있어야 가능하다. 나아가서 내가 일을 하는 목적이 가난한 사람을 돕기 위해서라면 그것은 진짜 이웃사랑이다.

2. 고아나 과부 같은 사람을 돕는 것이 진짜 예배이다.

다비다는 예배드리다가 죽은 것이 아니라 과부들을 돕다가 죽었다. 그를 통해 많은 사람이 믿게 되었다. 참된 경건은 고아와 과부를 돕는 것이다. 이웃사랑 없는 예배는 공허하다.

3. 육적 장애에서 영적 장애를 볼 수 있어야 한다.

장애인을 돕기 위해서는 그들의 필요를 이해해야 한다. 우리는 그들의 발이 되어주고 영적 필요를 채워주어야 하지만 적어도 마지막 기회라는 생각으로 도와야 한다.

4. 모든 이웃들이 나그네라는 생각을 가져야 한다.

외국인 근로자는 본국의 가족들을 위해 일한다. 우리는 본향을 가는 나그네로서 살아간다. 그렇기 때문에 나그네들의 형편을 헤아려야 한다. 우리는 나그네를 돕는 나그네이다.

5. 사회경제적 틈새를 메우는 것이 이웃사랑이다.

사회적 약자들은 기댈 데가 없는 사람들을 뜻한다. 그들에게 우리가 필요하다. 제도의 틈새가 보일 때 어김없이 현장에 있어야 할 사람들이 그리스도인들이다. 함께 울어야 한다.

> 누구를 어떻게 사랑할 것인가?
> **❼ 나눔과 적용**

가난한 사람이 사라질 때까지 이웃을 도와야 한다는 생각, 구제하기 위해 일을 한다는 마음, 참된 경건으로서의 고아와 과부를 향한 태도, 도움을 줄 때 마지막 기회라는 절박한 심정, 장애인을 만날 때 하나님의 영광을 드러낼 수 있겠다는 생각, 주님을 대접하듯이 나그네를 대접하는 자세, 결코 차별하지 않는 의식 등이 우리 그리스도인들의 사람을 대하는 기본인식일 것이다. 그런 마음이라면 언제 어디에서 어떤 이웃을 만나더라도 우리 자신을 사랑하는 것처럼 사랑할 수 있을 것이다.

1. 이번 장에서 이웃사랑과 관련하여 당신이 새롭게 깨달은 부분이 있다면 이야기해보라.

2. 이웃사랑과 관련하여 당신에게 가장 부족한 부분과 앞으로의 결단을 이야기해보라.

누구를 어떻게 사랑할 것인가?
❽ 마무리 기도

　아버지 하나님, 우리의 일상에서 그리스도의 사랑으로 사랑해야 할 대상에 대해서 더욱 깊이 느낄 수 있도록 해주시니 감사드립니다. 물론 꼭 어떤 특정한 계층이나 대상을 사랑하는 것만이 이웃사랑이 아니라 매일같이 만나는 모든 사람들에 대해서 예수님의 시각으로 마음을 열고 대해야 하는 것이 이웃사랑임을 알고 있습니다. 다만 우리가 만나는 사람들 중에서도 주변에서 사랑해야 할 사람들이 바로 가난하고 소외되고 힘없는 사람들과 어떤 틈새에 떨어진 사람들이라는 사실을 더욱 깊게 생각하게 되었습니다. 예수님께서 오신다면 당연히 그런 사람들의 심령을 살피시고 구원의 손길을 내미실 것이기 때문입니다.
　하나님, 깨닫고 느끼고 아는 것에서 그치지 말고 실제로 예수님과 같은 마음을 가지고 도움을 줄 수 있도록 우리와 함께 해 주옵소서. 무엇인가 모자라거나 부족하거나 무엇인가 필요로 하는 사람들이 바로 우리 자신임을 생각하고 우리 몸을 사랑하는 것처럼 사랑할 수 있기를 원합니다. 인간적으로도 그런 사랑을 행해야 하겠지만 특별히 성령님께서 임하셔서 예수님의 마음을 가질 수 있도록 도와주시옵소서. 예수님의 마음을 충분히 가질 수 없다면 우리의 이웃사랑은 충분하지 못할 것이고 차별이 있을 것이고 감정 따라 행할 수밖에 없을 것입니다. 더욱 온전한 이웃사랑을 행할 수 있도록 도와주옵소서. 이웃사랑의 본질을 보여주신 예수 그리스도의 이름으로 기도드립니다. 아멘.

제12장
이방인들에 대한 이웃사랑

우리는 온통 이방인들 틈에 섞여서 살고 있다. 이방인들의 제도와 이방인들의 문화와 이방인들의 가치관 속에서 싸워야 하는 사람들이다. 그러다 보니까 교회문화는 세속(이방)문화를 따라가게 되었고, 세속적인 수단과 방식을 교회에서도 고스란히 사용하게 되었으며, 살아가는 모습이나 목적이 세상(이방) 사람들과 조금도 다를 바가 없을 정도로 세속화되고 말았다. 그런데 우리는 그 이방인들을 사랑해야 한다. 만약에 이웃을 사랑하지 않는다면 복음은 그 본질을 잃어버리게 되고 하나님의 사랑은 세상에 드러날 수가 없을 것이다. 그래서 우리가 이웃을 사랑하는 일에는 분명한 한계와 지침이 필요한 것이다.

우리 그리스도인들은 사랑을 베풀더라도 각별하게 그들의 신앙이나 가치관들을 멀리할 수 있어야 한다. 예수님은 원수까지도 사랑하라고 하셨지만, 구약에서처럼 기독교신앙을 파괴하는 사람들까지 수용하라고 하신 것은 아니다. 물론 우리는 상대를 가리지 않고 그리스도의 사랑을 그들에게 실천해 보여줄 수 있어야 한다. 다만 저들의 영적 공격을 어떻게 얼마나 무너뜨릴 수 있을지를 생각하면서 이웃을 사랑해야 하겠다는 것이다. 이웃을 돕는다고 하면서 오히려 저들의 풍속을 따른다면 그것은 이웃사랑이 아닌 것이다.

이방인들에 대한 이웃사랑
❶ 진멸 전쟁

사울 왕은 아멜렉을 진멸하라는 하나님의 지시를 거부하고 좋은 가축들을 남겨 돌아옴으로써 다윗에게 왕위를 빼앗겼다. 우리의 이웃사랑도 영적인 경계를 분명하게 지켜야 한다.

1. 진멸이란 영적 우상을 타파하는 것이다. 이것을 거부하면 하나님은 어떻게 하시는가? (신 31:18, 20)

2. 하나님은 가나안과의 진멸전쟁을 명하셨지만 그들은 어떻게 했고 그 결과는 무엇이었나? (시 106:34-39)

3. 이스라엘이 이방인을 진멸하지 않고 그들의 우상을 섬기면 하나님은 어떻게 심판하셨나? (시 106:40-42)

4. 오늘의 이웃사랑과 구약의 진멸전쟁은 어떤 관계에 있나? 우리는 어떻게 해야 하는가?

이방인들에 대한 이웃사랑
❷ 이방인의 풍속을 따르지 말라.

풍속은 반드시 우상과 관련되어 있다. 세상의 문화를 풍속이라고 하여 따라가면 참된 신앙은 무너지게 되어 있다. 풍속은 번영을 약속하지만 교묘하게 속이는 것이 문제이다.

1. 풍속으로 여겨질 수 있는 대표적인 몰렉 숭배는 어느 때까지 이어졌나? (왕하 16:3, 21:6, 23:13)

2. 이스라엘과 유다가 결국에는 멸망하게 된 근본적인 원인은 무엇인가? (대하 36:14)

3. 오늘날 왜 복음의 능력이 쇠퇴하는가? 오늘의 이방풍속은 무엇인가?

4. 기본적으로 이방나라의 본질은 무엇인가? 하나님의 관점에서 영적으로 본다면 그것은 어떤 것인가? (스 9:11)

이방인들에 대한 이웃사랑
❸ 이방여인에 관하여

이방인들의 가증한 행위는 가나안 정복 때부터 포로기 이후까지도 이스라엘에 영향력을 끼치고 있었으니 그것은 고관들부터 이방여인들을 며느리나 아내로 삼은 것이었다.

1. 유다가 망하고 70년 후 포로귀환, 그 후 80년이 다 되도록 유다를 괴롭힌 것은 어떤 행위들이었나? (스 9:1-2)

2. 그러나 이방인들에 대한 하나님의 분명한 명령은 무엇이며 그 이유는 무엇인가? (신 7:3-4)

3. 모든 이방인 아내를 내보냈지만 얼마 후 똑같은 일이 벌어졌다. 느헤미야는 무엇이라고 권면했나? (느 13:26-27)

4. 이방여인이란 오늘날 무엇을 뜻하며 그 결과는 어떤 것이겠는가? (잠 23:27)

이방인들에 대한 이웃사랑
❹ 이방인에 관한 기준의 변화

이방나라에 대해서는 사람(여인)이든 풍속이든 완전하게 단절하는 것이 하나님의 뜻이었다. 그러나 이제는 육체적, 민족적 이방인이 아니라 영적 이방인으로 변화되었다.

1. 예수님 당시의 이방인들의 기도와 교제와 대우는 민족적 구분이었다. 어떤 인식이었나? (마 5:47, 6:7, 6:32, 18:17)

2. 이방인에 대한 개념 자체가 바뀐 것은 어떤 사건에서 일어난 하나님의 말씀에서 시작되었나? (행 10:15)

3. 결국 이방인에게도 전도하기 시작하게 된 결정은 언제 어디에서 이루어졌나? (행 11:18)

4. 사도 바울은 이 사실을 어떻게 규정했나? 육적인 유대인과 영적인 유대인은 어떻게 구별하는가? (롬 2:28-29)

이방인들에 대한 이웃사랑
❺ 어떻게 이방인을 사랑할 것인가?

이웃사랑은 이방문화를 배격하고 그리스도의 복음을 전파하는 유일한 수단이다. 선포되는 복음이 아니라 보이는 복음이기 때문이다. 이웃사랑 자체가 기독교문화인 것이다.

1. 교회의 거룩성과 하나님의 사랑을 전하기 위한 이웃사랑은 신약에 와서 어떻게 급격하게 변화되었나? (마 5:43-44)

2. 구약에서 이방인을 원수로 여기도록 율법을 주셨던 하나님은 무엇을 위해 사도 바울을 부르셨나? (행 9:15)

3. 율법의 경계가 사라진 오늘날 우리는 무엇으로 교회와 그리스도인의 거룩성을 지킬 수 있는가?

4. 구약과 달리 용서와 사랑으로 거룩성을 지킬 수 있게 된 근거는 어디에서부터 시작되었나?

이방인들에 대한 이웃사랑
❻ 핵심요약정리

1. 그리스도인은 날마다 진멸전쟁을 치르는 사람이다.

육체가 안락과 쾌락과 번영을 추구하지만 영혼은 그런 우상을 한사코 거부해야 한다. 영적인 가나안 정복이 이루어지려면 세속화된 모든 욕심을 물리치는 진멸전쟁이 꼭 필요하다.

2. 행위의 우상숭배와 심령의 우상숭배는 동일하다.

하나님의 눈으로 보면 세상은 더러움으로 가득 차 있다. 기독교문화는 용서와 사랑이지만 세상문화는 경쟁과 정복이다. 세상의 풍속들은 우상숭배로 이끄는 세상문화의 표출이다.

3. 이방여인이란 물질과 성공과 번영의 유혹이다.

세상의 풍속을 따라가다가 보면 자연스럽게 배후의 세력에 침범 당한다. 이방풍속과의 결합은 자신을 멸망으로 이끌 뿐이다. 그래서 하나님은 이방인과의 결합을 금하셨던 것이다.

4. 영적 이방인을 구별해야 참된 이웃사랑이 가능하다.

지금은 영적 분별력이 철저하게 요구되는 때이다. 우리의 이방인 이웃들에 대해서 당연히 자기 자신처럼 사랑해야 하지만 동시에 영적 싸움을 치열하게 싸워야 하는 시대이다.

5. 용서와 사랑을 쏟아내지 못하면 우상이 침범한다.

복음의 가장 큰 특징이 용서와 사랑이며, 세상과 완전히 구별되는 기독교만의 문화이다. 교회가 사랑과 용서를 확장시키지 못하면 교회와 세상은 똑같아진다.

이방인들에 대한 이웃사랑
❼ 나눔과 적용

이방인들인 우리의 이웃을 사랑하는 방법은 여러모로 얼마든지 개발하거나 생각해낼 수 있다. 이웃사랑은 방법론이 아니고 먼저 거룩해져야 한다는 사실을 알아야 한다. 아무리 생명까지 주고 이웃을 사랑하더라도 그리스도의 사랑으로 행하는 것이 아니라면 별 의미가 없는 것이기 때문이다. 그리스도의 사랑으로 사랑하려면 그 사람 자체가 깨끗하고 거룩해야 한다. 이것을 훼방하는 것이 이방인들의 풍속과 사고방식이다. 그것을 깨려면 용서와 사랑 밖에는 없다. 얼마나 많이 사랑하느냐가 아니라 얼마나 순수하게 사랑하느냐의 문제인 것이다.

1. 당신은 주변의 (이방인) 이웃들과 어울릴 때 얼마나 영적 거룩을 지키고 있다고 생각하는가?

2. 당신이 이번 장에서 가장 크게 깨닫거나 느낀 부분이 있다면 어떤 것인지 설명해보라.

이방인들에 대한 이웃사랑
❽ 마무리 기도

하나님 아버지. 우리가 하나님의 사랑이 아니라 온통 세상문화로 둘러싸여있다는 사실을 다시 생각해봅니다. 육신의 눈으로 보면 복음과는 정반대되는 개념과 목적으로 살아가고 있는 것이 이 세상인데, 그 가운데에서 세상을 거슬러 살아야 하는 우리들에게 더욱 힘과 능력을 더해 주시기를 원합니다. 교회에서의 가르침과 세상이웃들의 틈바구니 속에서 살아가야 하는 우리들이 날마다 승리할 수 있도록 도와주시옵소서. 하나님, 우리도 모르는 사이에 세속문화와 사고방식에 깊이 젖어서 세상의 강물을 따라 그냥 흘러가고 있는 것은 아닌지 분별하게 해 주소서.

아버지, 지금 기독교인들 가운데 대부분의 성도들이 그냥 세상을 따라 흘러가는 것처럼 보입니다. 그런데 우리는 그런 현실 속에서 이방인 이웃들을 자기 자신을 사랑하는 것같이 사랑하라는 주님의 명령 앞에 서 있습니다. 우리의 생각을 바꾸고 습관을 고치지 않으면 결코 쉽지 않은 일입니다. 그러나 진정으로 거듭난 하나님의 백성이라면 당연히 그렇게 해야 합니다. 그러므로 우리에게 영적 분별력과 그들을 거스르면서도 그리스도의 사랑으로 사랑할 수 있는 하나님의 지혜가 너무나도 필요합니다. 세상 속에서 살면서도 세상문화에 빠지지 않고 건강한 복음적인 사고방식과 문화로 세상을 이길 수 있도록 만들어주옵소서. 온통 우상으로 가득한 세상에서 우리로 하여금 승리하게 하시는 예수 그리스도의 이름으로 기도드립니다. 아멘.

제4부

이웃사랑은 영혼사랑이다

제13장
이웃사랑의 초점

　이웃사랑의 본질과 핵심과 방향을 이해하지 못하거나 그냥 당연히 감당해야 할 의무로 생각하고 행한다면 어쩌면 하나님과는 무관한 행위가 될 수도 있다. 이웃사랑은 이 땅의 것들을 추구하는 세상 속에서 우리의 영성을 지키면서 우리의 행동과 삶을 통하여 그리스도의 사랑을 보여주는 모든 방식이다. 우리는 거기까지 할 수 있을 뿐이다. 그 다음은 성령님께서 하셔야 한다. 우리는 이웃을 사랑하면서 그들을 위한 간구를 지속적으로 행해야 한다. 그것이 이웃사랑의 행위적 완전함이다. 다만 그렇게 감당하기 위해서는 세속적 사고방식이나 추구하는 방향과 싸워야 한다. 그렇지 않으면 오히려 우리의 신앙은 세상의 유혹을 받을 수 있는 위기가 될 수도 있다.

　그리스도인의 이웃사랑의 가장 확실한 모델은 사도 바울이다. 바울은 하나님께서 이방에 보내시려고 선택하신 그릇이었다. 바울이 몸이나 물질로 직접 이웃을 크게 섬긴 것은 아니었지만 그의 이웃사랑은 그 본질을 가장 명확하게 보여준 것이었다. 사실상 우리의 이웃사랑은 사도 바울의 가르침에 근거하는 경우가 많다. 왜냐하면 바울의 이웃사랑의 대상은 이방인들이었기 때문이다. 우리의 이웃들도 전부 이방인들이다. 이웃사랑은 이방인들에게 우리의 모든 것을 투자하여 섬기는 것이지만, 최종목적은 그들의 영혼이다.

이웃사랑의 초점
❶ 사랑의 대상이면서 경계의 대상

그리스도인들은 하나님과 이방인 이웃들 사이에 끼어있는 존재들이다. 이웃을 자기 자신과 같이 사랑해야 하지만 동시에 이웃들의 보이지 않는 우상숭배를 배격해야 하기 때문이다.

1. 성령을 힘입어 세상에 그리스도의 사랑을 베풀어야 하지만 동시에 우리는 어떤 환경에 있나? (고후 4:8-9)

2. 그러나 우리는 당하지 않고 세상을 변화시키는 사람들이다. 어떻게 그것이 가능한가? (고후 4:10)

3. 이웃들은 하나님께서 우리에게 주신 기회이며 동시에 위기일 수 있다. 왜 그런가?

4. 예수님께서 바울을 부르신 목적과 우리를 부르신 목적은 동일하다. 그것은 무엇인가? (행 9:15)

이웃사랑의 초점
❷ 동역적(형제) 사랑과 선교적(이방인) 사랑

형제사랑과 이웃사랑은 방식 면에서는 동일하지만 목적 면에서는 전혀 다르다. 본질과 핵심을 알고 사람들을 사랑해야 사랑의 방향과 초점을 살려서 보다 효과적일 수 있을 것이다.

1. 같은 믿음의 형제들을 자기 자신과 같이 사랑하고 위로하고 격려해주어야 하는 목적은 무엇인가? (고전 15:58)

2. 성도 간의 형제사랑은 영적 에너지여야 한다. 그렇게 될 수 있는 중요한 이유는 무엇인가? (몬 1:7)

3. 형제사랑의 최상의 목적은 어디에 두어야 하는가? 어떻게 되면 이웃을 자기 자신처럼 사랑할 수 있겠는가? (엡 4:13)

4. 동역적 사랑으로 충만해지면 우리의 이웃들을 향한 선교적 삶은 어떻게 진행되겠는가?

이웃사랑의 초점
❸ 1차적 사랑과 2차적 사랑

이웃사랑에도 단계가 있다. 물론 순서를 따르라는 말이 아니라 우리가 할 수 있는 일과 성령님께서 하실 일이 있다는 말이다. 그것은 영혼구원과 관련된 일이다.

1. 모든 그리스도인들은 어떤 직분을 받았으며 그 근거는 무엇인가? (고후 5:18)

2. 이웃사랑의 1차적 사랑은 그리스도의 어떤 모습을 본받아야 이웃을 자기 자신처럼 사랑할 수 있는가? (롬 5:10-11)

3. 1차적 이웃사랑이 몸과 삶으로 이웃을 섬기는 것이라면 2차적 이웃사랑은 무엇으로 가능하겠는가? (딤전 2:1)

4. 이웃의 영혼을 위하여 기도와 간구로 2차적 이웃사랑을 행한다면 어떤 유익이 있는가? (마 6:21)

이웃사랑의 초점
❹ 사도 바울의 이웃사랑

사도 바울은 본질적인 의미에서의 이웃사랑을 가장 명확하고 열정적으로 보여주었다. 예수님은 바울을 부르심으로써 그리스도의 참된 복음이 온 세상에 전파되도록 하셨다.

1. 우리의 이웃사랑은 이방에게 무엇이 되는 것이라고 바울이 설명하고 있는가? (행 13:47-48)

2. 사도 바울은 복음의 제사장 직분을 받고 어떤 일을 하게 되었으며 그것은 무슨 뜻인가? (롬 15:16)

3. 이웃사랑은 아름다운 일이지만 바울은 어떤 고난을 받으면서 끝까지 이방인들을 사랑했나? (고후 11:23-27)

4. 이웃사랑은 물론 몸과 물질로 이웃을 섬기는 것이지만 하나님은 또 다른 수단들을 주신다. 무엇인가? (롬 15:18-19)

이웃사랑의 초점
❺ 세상 속에서의 이웃사랑

세상의 가치판단을 쫓아가는 이웃들을 섬기기 위해서는 이 세상의 지혜로는 불가능하다. 그것은 은밀하게 역사하시는 하나님의 지혜로만 가능한데, 만세 전에 정하신 것이다.

1. 섬김과 나눔으로 이웃사랑을 행할 때 우리는 어떤 자세로 이웃들에게 다가가야 하겠는가? (고전 3:18-19)

2. 스스로 성결을 지키기 위해 음행자나 사기꾼이나 우상숭배자들을 어떻게 대해야 하는가? (고전 5:10)

3. 우리가 우리의 세상 이웃을 우리 자신처럼 사랑할 수 있는 근본적인 이유는 무엇인가? (요일 2:15-17)

4. 세상 속에서의 우리의 사랑은 무엇까지 내어주는 것이며 그럴 때 하나님은 무엇을 기뻐하시는가? (고후 12:15)

이웃사랑의 초점
❻ 핵심요약정리

1. 이웃은 축복의 선물이지만 세속의 위기일 수도 있다.

신앙인은 세상 속에서 살면서 세상을 변화시키는 사람들이다. 이웃은 우리의 사랑을 드러내는 기회이지만 경건을 지키지 못하면 세상 유혹에 빠져서 멸망의 길을 갈 수도 있다.

2. 형제사랑의 에너지가 아니면 이웃사랑은 실패한다.

사랑의 방식은 같아도 믿음의 형제(넓게는 모든 기독교인)는 섬기고 격려하여 일꾼으로 세우는 동역적 사랑이고, 이웃(불신자)은 섬김으로써 하나님을 만나게 하는 선교적 사랑이다.

3. 불신 이웃을 하나님과 화목하게 하는 것이 신앙이다.

우리가 나눔과 섬김으로 이웃들과 화목하여 하나님의 사랑을 보여주지만 그것은 1차적 사랑이고, 간절하고 끈기 있게 하는 간구와 기도는 하나님과 화목하게 하는 2차적 사랑이다.

4. 사도 바울의 사명과 성도의 사명은 동일하다.

바울이 이방의 빛이고 이방인의 사도이며 복음의 제사장이듯이 우리도 이방의 빛이고 이방인의 사도요 복음의 제사장들이다. 바울처럼 이웃사랑을 위해 모든 어려움을 이겨야 한다.

5. 신앙인은 세상 이웃들과 전혀 다른 방향을 본다.

세상 사람들이 구하는 것은 이 세상이지만, 그것은 다 사라져버릴 것들이다. 신앙인은 사라져버릴 것을 추구하지 않기 때문에 이웃들과 다투지 않고 사랑할 수 있는 것이다.

이웃사랑의 초점
❼ 나눔과 적용

이웃사랑이라고 하지만 초점과 방향은 굉장히 다를 수 있다. 바리새인들의 이웃사랑의 초점은 사람들에게 보이는 것이었다. 바울은 자기 몸을 불사를지라도 사랑이 없으면 자신에게 아무 유익이 없다고 했다. 많은 것으로 최선을 다하여 열심히 이웃을 도와도 하나님께 아무것도 아닐 수도 있다. 오히려 그것이 올무가 되어 자랑이 되고 자기 의를 내세우며 교만하게 되어 하나님의 버림을 당할 수도 있게 된다. 이웃사랑은 그리스도인의 삶의 방식이지만 하나님께 의미가 있어야만 한다. 이웃사랑의 최종목적은 이웃을 하나님과 화목하게 하는 것이다. 그것을 위해 비우고 나누고 낮추고 섬기는 것이다. 자기의 거룩을 지키면서 주님 따라 자기 자신처럼 이웃을 사랑해야 한다.

1. 당신이 지금까지 이웃들에게 나누고 섬기는 가운데 가장 부족한 부분은 무엇인가?

2. 당신이 이 장에서 가장 크게 깨닫고 도전을 받은 것은 어떤 점인가?

이웃사랑의 초점
❽ 마무리 기도

　사랑의 하나님 아버지. 오늘 함께 내용을 나누면서 바로 이런 이웃사랑을 통하여 우리가 복음을 믿고 그리스도인이 된 것을 다시 생각하게 되었습니다. 물론 전도를 통해서 예수님을 믿게 되었고 또 늘 우리가 전도해야 한다는 의무감을 가지고 있었습니다만, 전도란 우리 신앙인들이 물질과 섬김으로 그들에게 그리스도의 사랑을 나타내 보여줄 때 참된 의미가 있겠다는 생각이 들었습니다. 왜냐하면 우리가 전도할 때 그리스도인의 삶의 방식까지 전해져야 비로소 그리스도의 복음이 제대로 이해될 수 있겠다는 생각 때문입니다. 물론 최후에는 언어로 전달되겠지만, 말로서의 언어가 아니라 행동으로서의 언어로 전해질 때 더욱 올바른 복음이 전파될 것입니다.

　하나님, 이웃사랑을 열심히 감당하면서도 오히려 자기자랑이나 공로를 앞세우는 모습들을 볼 때 이웃사랑을 이해하지 못하기 때문에 일어나는 일인 것 같아서 안타까운 마음이 듭니다. 이웃사랑은 예수님의 사랑을 자랑하고 십자가 공로를 전달하는 것인데 오히려 자기를 자랑하고 자기 의를 전달한다면 그 삶이 어찌 하나님의 사람의 삶이라고 할 수 있겠습니까? 오늘 참으로 감사드립니다. 이웃사랑의 목적과 목표와 방향에 대해서 다시 깊이 생각해보게 되었습니다. 사도 바울처럼 우리가 바로 이방인의 빛이 되는 줄 믿습니다. 그렇게 제대로 이웃을 사랑할 수 있도록 도와주옵소서. 감사드리며 예수 그리스도의 이름으로 기도드립니다. 아멘.

제14장
이웃사랑과 영혼사랑

　이웃을 사랑한다는 것은 이웃과 교회 사이를 가로막고 있는 장벽을 깨뜨리는 일이어야 한다. 단지 인간적, 종교적, 상식적, 문화적으로 막힌 담을 허는 정도가 아니라 보이지 않는 영적 세계까지 허물어야 한다. 왜냐하면 우리의 이웃사랑은 결국 이웃의 영혼을 위한 일이 되기 때문이다. 예수님께서 우리의 영혼을 구원하기 위해 오신 것과 같은 목적인 것이다. 그런데 이웃의 영혼을 구원하기 위해서는 먼저 우리의 영혼이 깨끗해져야 한다. 하나님은 더러운 영혼을 사용하여 사람을 구원하지 않으시기 때문이다. 그렇게 거룩을 소유한 상태에서 이웃을 자기 자신과 같이 사랑할 때 그 영혼은 구원받게 되는 것이다.
　여기에서 구원이란 정확하게 무엇인지를 다시 살펴야 한다. 왜냐하면 뚜렷한 목표의식이 있어야 진정한 이웃사랑이 가능해지기 때문이다. 구원이란 당연히 죄에서의 구원이지만 그뿐만 아니라 목숨의 구원이고 마귀로부터의 구원이며 세속적인 욕심으로부터의 구원이고 세상나라의 가치관으로부터의 구원이다. 그래서 구원은 우리의 힘이나 노력에 의한 것이 아니다. 구원이란 전적으로 성령님의 역사를 통하여 하나님의 주권으로 주시는 선물이다. 그래서 우리는 성령님을 도와서 이웃을 구원하는 사람들인 것이다.

이웃사랑과 영혼사랑
❶ 교회와 세상의 장벽

구약에서는 국가적 장벽이 영적 장벽이었지만, 지금은 민족적 장벽은 사라지고 영적 장벽만 남았다. 그러나 교회가 세운 장벽과 이웃의 장벽은 여전하다. 우리는 장벽을 깨야 한다.

1. 율법을 중심으로 하는 이스라엘의 국가적 장벽은 어떻게 하여 깨질 수 있었나? (히 10:19-20)

2. 그런데 예수님께서 허무신 장벽을 지금 교회가 다시 쌓은 것 같은 예들이 있다면 이야기해보라.

3. 이웃(세상)의 장벽은 영적 문제이지만 표면적으로는 여러 가지 현상으로 나타난다. 어떤 것들이 있는가?

4. 이웃사랑으로 복음과 세상의 장벽을 허물어야 하는 가장 큰 목적은 무엇인가? (행 7:59-60)

이웃사랑과 영혼사랑
❷ 영혼사랑이란 무엇인가?

기독교 신앙은 애초에 영혼사랑이라는 전제가 없으면 성립될 수가 없다. 육적인 목적으로 믿는다면 기독교가 아니다. 우리의 영혼사랑과 마찬가지로 이웃사랑도 영혼사랑이다.

1. 우리가 신앙생활을 하면서 여러 가지 고난과 박해를 받아도 인내하는 근본적인 이유는 무엇인가? (눅 21:19)

2. 그리스도인으로서 세상의 모든 압박과 유혹을 이겨낼 수 있는 근거는 무엇인가? (마 10:28)

3. 그리스도께서는 왜 십자가에서 목숨을 버리셨나? 우리는 왜 불신 이웃들에게 나누고 섬겨야 하는가?

4. 우리가 우리 영혼을 깨끗하게 하는 것이 어떻게 진정한 이웃사랑이 되는가? (벧전 1:22)

이웃사랑과 영혼사랑
❸ 구원과 이웃사랑

우리가 받은 구원이란 물론 죄로부터의 해방이다. 세례 요한은 죄 사함으로 말미암는 구원을 알게 하려고 왔다고 했는데 우리도 바로 그것을 위해 부르심 받은 것이다.

1. 죄로부터의 구원은 곧 다른 모든 속박에서 구원받는다는 것인데 가장 먼저 해결되는 것은 무엇인가? (골 2:13)

2. 구원은 영생을 얻는 것만은 아니고 죄 문제와 관련하여 누구로부터 해방되는 것인가? (눅 1:71)

3. 우리는 마귀에게서 해방되었지만 천국 가는 날까지 어디에서 또한 구원받아야 하는가? (딤후 4:18)

4. 세속에서의 구원을 보여야 하는 이유는 이웃사랑과 어떤 관련성이 있나? (고전 10:31, 33)

이웃사랑과 영혼사랑
❹ 어떻게 구원하시는가?

종말을 늦추시는 이유는 택하신 사람들 때문이다. 우리에게도 이웃의 구원을 도울 기회를 주신다. 하나님의 구원의 전체적인 방향과 방식을 이해해야 참된 이웃사랑이 가능해진다.

1. 구원이란 우선 누구의 주권인가가 중요하다. 구원이 하나님의 선물인 까닭은 무엇인가? (엡 2:8-9)

2. 여러 가지 나눔과 섬김의 과정을 통하더라도 마지막에 사람을 구원하는 것은 무엇인가? (약 1:21)

3. 그럼에도 불구하고 우리가 끝까지 지켜야 하는 것은 무엇인가? 예수님께서 하신 것처럼 해야 한다. (딤전 1:16)

4. 구원의 모든 과정을 함께 하시면서 실질적으로 구원하시는 분은 누구이신가? (고전 12:3)

이웃사랑과 영혼사랑
❺ 어떻게 성령님을 도울 것인가?

말씀을 담당하는 사람을 믿고 따라가는 것은 구원에 매우 중요하다. 왜냐하면 그들은 자신들이 우리 죄를 청산할 자인 것처럼 경성하기 때문이다. 우리도 이웃에게 그래야 한다.

1. 이웃을 위해 경성하는 것은 성령님과 어떤 관계에 있다는 것을 말하는 것인가? (히 13:17)

2. 성령님께서 여러 은사와 직분을 주시는 것은 교회를 세우는 일에서 무엇을 원하시는 것인가? (고전 12:27-28)

3. 우리가 이웃의 영혼을 사랑하는 데 있어서 성령님을 가장 크게 도와드릴 수 있는 부분은 무엇인가? (엡 6:18)

4. 우리가 기도할 때 우리가 주체가 되는 것 같아도 사실은 성령님께서 어떻게 하시는가를 알아야 하는가? (롬 8:26)

이웃사랑과 영혼사랑
❻ 핵심요약정리

1. 그리스도인은 세상과의 장벽을 느낄 수밖에 없다.

세상이 교회를 바라볼 때 느낄 수 있는 교회의 장벽을 깨달아야 이웃사랑이 가능하고, 세상이 가지고 있는 영적 장벽을 이해해야 예수님처럼 그들이 되어줄 수 있는 것이다.

2. 혼탁한 영혼으로는 이웃을 구원할 수 없다.

영혼사랑이란 영혼으로 영혼을 사랑하는 것이다. 그때 우리 영혼이 깨끗해야 예수님처럼 끝까지 이웃을 위해 책임을 다할 수 있다. 이웃사랑의 목적은 영혼을 구원하는 것이다.

3. 세상에서의 구원을 삶으로 보여주는 것이 이웃사랑이다.

구원이란 죄, 죽음, 마귀, 세속에서의 구원을 모두 포함한다. 단지 죄 사함으로 모든 것이 끝나는 것이 아니다. 이런 구원을 사람들이 알게 할 때 이웃사랑은 완성되는 것이다.

4. 이웃사랑을 공로로 생각하면 끝까지 감당할 수 없다.

우리가 받은 구원은 전적으로 하나님의 선물이다. 예수님을 따라 일체의 오래 참음으로 이웃을 섬겨야 하지만 모든 결과를 성령님께 맡길 때 겸손하게 사랑할 수 있는 것이다.

5. 우리에게 주신 은사는 성령님을 돕기 위한 것이다.

우리의 일을 위하여 성령님께 비는 것이 아니라 성령님의 일을 감당하기 위해 기도하는 것이다. 그리고 우리가 성령님을 가장 크게 돕는 길은 이웃을 위한 간구와 기도이다.

이웃사랑과 영혼사랑
❼ 나눔과 적용

나눔과 섬김의 일을 하는 성도는 많지만 궁극적으로 이웃사랑이란 그들의 육체가 아니라 영혼을 사랑하는 방식이라는 사실은 잊어버린 경우도 많을 것이다. 당장 교회에 출석하게 만들려는 것이 아니라 이웃에게 그리스도의 사랑을 삶으로 보여주는 것이 이웃사랑이다. 나눔이나 섬김은 무조건 좋은 것이 아니라 그리스도의 사랑에서 출발해야 하나님께서 기뻐하시는 이웃사랑이 되는 것이다. 그리고 섬김에 그친다면 진정한 이웃사랑이 불가능해지는데 그 이유는 성령님을 도울 수 있어야 이웃사랑이 완성될 수 있는 것이기 때문이다. 이웃사랑은 처음부터 그들의 영혼에 초점을 맞추고 나아가야 하는 하나님의 일인 것이다.

1. 당신은 이웃에게 물질을 나누고 몸으로 섬길 때 그를 위해서 얼마나 기도하는가?

2. 이번 장에서 가장 크게 깨닫고 도전받은 내용이 있다면 이야기해보라.

이웃사랑과 영혼사랑
❽ 마무리 기도

하나님 아버지, 오늘도 감사드립니다. 우리가 어떤 사랑으로 구원에 이르게 되었는지 다시 생각해보게 됩니다. 모든 것이 전적으로 성령님의 은혜로 이루어졌고, 우리의 노력이나 공로가 전혀 아니고 오직 하나님의 뜨거운 사랑으로 주신 것이며, 우리의 영혼구원을 위한 예수님의 끝까지 참으심과 우리 대신 목숨까지 버리심으로써 이루어진 엄청난 결과임을 고백합니다. 지금도 수많은 사람들이 죄악 가운데 살고 있지만 우리가 이렇게 영원한 생명을 얻은 것이 어찌 감격이 아니겠습니까? 이제 우리를 구원하신 예수님의 그 사랑으로 이웃들을 사랑하기를 진심으로 원합니다. 무엇으로 구원의 선물을 조금이라도 갚을 수 있겠습니까? 진정한 이웃사랑이 바로 그 길이 아니겠습니까?

하나님, 우리가 모든 죄인들과 박해자들을 참을 수 있는 이유가 무엇이겠습니까? 그들의 영혼을 바라보기 때문이 아니겠습니까? 우리가 어떻게 원수를 사랑할 수 있겠습니까? 오직 그들의 영혼을 바라보기 때문입니다. 스데반은 자기를 돌로 치는 자들을 위하여 어떻게 기도할 수 있었겠습니까? 육체적으로는 원수요 우상숭배자들이지만 그들의 영혼을 위해서 참을 수 있는 것입니다. 우리도 우선적으로 이웃의 영혼을 바라보게 해 주시옵소서. 하나님, 우리도 이웃을 바라볼 때 그들의 영혼을 생각하면서 사랑하고 섬길 수 있도록 도와주옵소서. 우리의 영혼을 구원하시기 위해 목숨까지 버리신 예수 그리스도의 이름으로 기도드립니다. 아멘.

제15장
영혼사랑과 영적 싸움

　우리의 삶은 성령님과 마귀와의 영적 싸움의 한복판에 있다. 그리스도인의 이웃사랑이 영혼사랑일 때에 마귀의 대적이 극심하게 나타난다. 이웃사랑과 영적 싸움이 별로 관련이 없는 것 같지만 사실상 이 세상의 영적 싸움은 바로 영혼구원을 향한 치열한 싸움이라는 사실을 알아야 한다. 우리는 하나님께 속하였고 세상은 마귀에게 속해 있기 때문이다. 마귀와의 싸움은 원치 않는다고 피해가는 것이 아니다. 영적 싸움을 싸우고 있지 않다면 그는 지금 그리스도인으로 살고 있는 것이 아니다. 왜냐하면 영적 싸움을 싸우지 않고는 그리스도인으로서의 정체성을 지킬 수가 없기 때문이다.

　하지만 영적 싸움은 우리가 싸워서 이길 수 있는 싸움이 아니다. 마귀는 거짓과 유혹으로 성도를 속이는 자이기 때문이다. 마귀의 최종 목적은 그리스도를 부인하게 만드는 것이다. 마귀는 세상풍조나 관습 등 변형된 형태의 영적 공격을 하는 존재이다. 그것은 때로 고난이나 환난, 능욕을 통하여 성도를 넘어지게 한다. 그래서 성도는 담대하게 마귀를 대적해야 한다. 그러나 그것은 하나님께 복종하는 방식이어야 한다. 순종이 영적 싸움인 것이다. 이 모든 싸움은 전부 하나님의 능력 안에서만 가능하다. 우리의 영적 싸움은 하나님을 얼마나 의지하는가에 달려있다.

영혼사랑과 영적 싸움
❶ 영적 싸움의 대상

영적 싸움의 상대방인 마귀는 거짓과 미혹과 고난과 같은 수단들로 성도들을 공격한다. 특히 이웃을 자기 자신처럼 사랑하려고 할 때 마귀는 가장 치열하게 훼방하고 공격한다.

1. 마귀는 반드시 예수님의 사역을 훼방한다. 가장 핵심적으로 공격하는 점은 무엇인가? (요일 4:3, 요이 1:7)

2. 마귀의 가장 큰 공격무기는 무엇인가? 하나님과의 가장 큰 차이점은 무엇인가? (요일 4:1)

3. 거짓 선지자들이 아무리 예수님을 부인하게 만들더라도 그것을 이기는 방법은 무엇인가? (요일 5:4-5)

4. 영적 싸움을 싸워야 하는 두 가지 분명한 이유는 무엇인가? 그것을 위해 어떻게 해야 하는가? (엡 6:13)

영혼사랑과 영적 싸움
❷ 세상풍조와의 싸움

세상풍조란 믿음이 없을 때에 따르던 일상인데 사실은 공중의 권세자들(마귀)을 따라가는 것이다. 그러므로 세상적인 사고방식 속에는 악한 영이 있다는 것을 알아야 한다.

1. 세상의 모든 전통은 하나님과 관계없는 것들이다. 그것은 어떤 특징을 가지고 있는가? (골 2:8)

2. 이 세상 풍조는 세상에만 있는 것이 아니라 믿음 안에도 존재한다. 그것은 무엇인가? (막 7:8-9)

3. 이웃을 사랑하려고 할 때 우리가 빠지기 쉬운 또 다른 함정은 무엇을 사용하려고 하게 되는 것인가? (고전 3:19)

4. 이웃사랑을 실천하려고 할 때 세상풍조가 훼방하지만 우리는 무엇으로 분별해야 하는가? (고전 2:14)

영혼사랑과 영적 싸움
❸ 고난과 능욕과의 싸움

영적 싸움을 시작하면 필연적으로 고난과 능욕을 만나게 되어 있다. 왜냐하면 마귀가 훼방하기 때문이다. 그것은 하나님의 침묵이 아니라 승리를 위한 과정이자 훈련이다.

1. 그리스도인들이 고난과 박해를 이겨낼 수 있는 본질적인 원인은 어디에 있는가? (롬 14:8)

2. 사나 죽으나 주를 위하여 모든 고난을 받아야 하는데 그 목적은 어디에 있는가? (딤후 1:8)

3. 이웃 영혼을 사랑한다면 영적 싸움을 싸워야 하지만 참된 복음을 전하는 증거는 무엇이겠나? (고후 11:4)

4. 사도 바울이 영혼을 살리기 위해 복음을 전하면서 자랑한 것은 무엇이며 왜 그랬는가? (고후 11:30)

영혼사랑과 영적 싸움
❹ 대적하는 싸움

우리보다 강한 마귀를 어떻게 대적할 수 있겠는가? 우리에게는 마귀보다 더 강하신 하나님이 계시기 때문이다. 영적 싸움은 마귀에게 대적하는 담대함이 없이는 이길 수 없다.

1. 마귀에게 대적함으로써 마귀가 우리를 피하게 되는 영적 싸움의 원리는 무엇인가? (약 4:7)

2. 베드로는 마귀에게 대적하여 승리할 수 있는 비결을 이야기했다. 그것은 무엇인가? (벧전 5:8-9)

3. 그런데 마귀를 이기려면 힘과 능력으로 해야 하는데, 예수님은 어떤 방법으로 마귀를 이기셨나? (골 2:15)

4. 마귀를 대적하여 승리하는 비결이 바로 이웃사랑이다. 바울은 원수사랑을 어떻게 말했나? (롬 12:20-21)

영혼사랑과 영적 싸움
❺ 하나님의 능력으로 싸움

우리의 구원은 전적으로 하나님의 은혜요 능력이었다. 우리의 이웃들에게도 전적으로 하나님께서 임하셔야 구원이 이루어진다. 그렇다면 이웃사랑을 위한 영적 싸움도 하나님의 능력이다.

1. 우리가 육신적 방법과 세상 지혜로 영적 싸움을 행하지 않는 이유는 무엇이겠나? (고후 10:3-4)

2. 바울은 그가 당한 모든 것을 하나님의 능력으로 묶었다. 어떤 것들을 묶었는가? (고후 6:4-7)

3. 하나님의 능력은 고난을 당할 때 가장 크게 나타난다. 그것을 통하여 무엇을 경험할 수 있는가? (롬 15:13)

4. 이웃을 자기 자신과 같이 사랑하려고 할 때 우리에게 가장 필요한 능력은 무엇인가? (벧전 4:11)

영혼사랑과 영적 싸움
❻ 핵심요약정리

1. 마귀의 존재를 모른다면 이웃사랑은 불가능하다.

마귀는 예수님의 신성과 인성을 부인하게 만든다. 그렇게 해야 성도들의 이웃사랑이 흔들리기 때문이다. 마귀는 주로 거짓을 사용하지만 우리는 우리와 이웃 영혼을 지켜야 한다.

2. 세상의 지혜나 숫자로 대적하면 틀림없이 실패한다.

영적 싸움은 세상과는 전혀 다른 방식으로 싸워야 한다. 자기는 지혜로운 것 같아도 마귀를 따라가는 것이다. 교회 안에도 세상의 방식이 들어있기 때문에 성령으로 분별해야 한다.

3. 고난은 실패가 아니라 승리하고 있다는 증거이다.

고난과 능욕을 이길 수 있는 것은 그것이 주의 일이기 때문이다. 고난은 영혼을 구원하기 위한 지름길이다. 우리가 약한 것을 자랑해야 하나님을 의지하고 복음을 전파할 수 있다.

4. 원수사랑은 마귀에게 가장 치명적인 공격이다.

그것이 바로 마귀를 대적하는 방식이다. 예수님의 십자가처럼 오직 하나님의 주권에 맡길 때에 담대하게 마귀를 대적할 수 있다. 하지만 그것은 용서와 이웃사랑의 방식이다.

5. 능력 있다고 생각하면 가장 능력 없는 사람이다.

이웃사랑은 우리의 능력이 아니라 하나님의 능력으로만 가능하다. 자기 힘으로 마귀와 싸우는 사람은 어리석은 사람이고 마귀에게 넘어간 사람이며 결코 승리할 수 없다.

영혼사랑과 영적 싸움
❼ 나눔과 적용

이웃사랑을 영적 싸움으로 생각하지 못하면 행위로만의 이웃사랑이 될 것이다. 우리의 사랑으로 베푸는 것이라면 영적 싸움이 필요 없을 것이다. 그러나 우리 자신이 아니라 그리스도의 사랑으로 섬기려면 영적인 싸움으로 들어갈 수밖에 없다. 그것은 우리의 이웃사랑이 영혼사랑이기 때문이다. 영혼사랑은 세상적인 방식으로 한다면 영혼을 구원할 수 없다. 크기나 숫자나 강함으로 사랑한다면 그것은 세상과 조금도 다를 것이 없다. 그것은 영적 싸움이 아니라 세상의 세력싸움일 뿐이다. 하나님의 방식은 세상과는 정반대일 경우가 많다. 어쨌든 그리스도인의 영혼사랑은 영적 싸움이며, 영적 싸움은 오로지 하나님을 의지함으로써만 승리할 수 있는 것이다.

1. 당신은 영적 싸움을 언제 가장 강하게 싸웠는가? 그 싸움은 무엇을 위해서였는가?

2. 이웃사랑과 영적 싸움의 관계에 대해서 가장 크게 도전받은 내용은 무엇인가?

영혼사랑과 영적 싸움
❽ 마무리 기도

하나님 아버지. 오늘도 참으로 감사드립니다. 이웃사랑과 영혼사랑과 영적 싸움의 관계를 분명하게 알 수 있었습니다. 이웃사랑이 영혼사랑이 아니라면 그것은 단지 자기사랑 안에 머물 수밖에 없고, 영혼사랑은 영적 싸움으로만 구원에까지 이르게 할 수 있다는 사실을 다시 깨달았습니다. 하나님. 결국 우리 자신의 믿음을 끝까지 지키는 것, 곧 하나님을 목숨을 다해 사랑하는 것과 이웃을 자기 자신과 같이 사랑하는 것 곧 이웃의 영혼을 구원하기 위해서 영적 싸움을 싸웁니다. 물론 우리가 아무리 영적 싸움을 싸워도 구원하시는 분은 성령님이십니다. 그러나 우리는 영적 싸움을 통하여 이웃들의 영혼의 문을 여는 일에 최선을 다하는 것인 줄 믿습니다.

하지만 하나님 아버지, 우리는 이미 예수님께서 이겨놓으신 범위 안에서 영적 싸움을 싸우는 것입니다. 그러므로 영적으로 침범을 당하거나 이웃의 영혼을 지켜내는 일에 성령님께서 강하게 함께 하셔서 모든 것을 이길 수 있도록 도와주옵소서. 그리고 우리가 우리의 자랑이나 공로나 사람에게 보이려고 하는 것이 아니라 오로지 그리스도의 사랑이 우리를 통해서 이웃들에게 흘러갈 수 있도록 우리를 인도해주시옵소서. 그리고 우리가 마귀에게 대적하기 위해 인간적인 방법이나 숫자나 힘으로 하는 것이 아니라 오로지 말씀에 순종함으로써 하나님께서 이기실 수 있도록 성령님으로 함께 해 주옵소서. 십자가에서 마귀에게 승리하신 예수 그리스도의 이름으로 기도드립니다. 아멘.

제16장
영혼사랑의 실천적 방법들

영혼사랑이란 쉽게 표현하면 전도이다. 오늘날 전도라는 개념이 너무 한정적이고 단순화되어 있지만 사실 그리스도인의 모든 언어와 행동과 삶이 전부 전도라는 사실을 알아야 한다. 이웃을 교회 예배에 초청하고 권면하여 데려오는 것은 전도의 지극히 일부분만을 말하는 것이다. 그런데 전도라고 하면 교회 초청만 생각하게 되었기 때문에 전도가 어려워지는 것이다. 전도는 그리스도의 사랑을 이웃에게 보여주고 증명하는 전 과정임을 알아야 한다. 사실상 말로 하는 복음 전파는 맨 나중에 오게 되어 있고, 그것조차도 참된 이웃사랑을 보여주었다면 필요가 없어질 것이다. 왜냐하면 우리의 삶을 통하여 이미 복음을 받아들였기 때문이다.

그러므로 우리는 이웃사랑의 실체적인 모습들을 행하기 위해 애를 써야 한다. 우리 자신을 그리스도의 비움처럼 그렇게 비우고 이웃에게 나누는 것은 가장 기초적인 복음이다. 왜냐하면 복음이란 자기를 버리고 나누는 것이기 때문이다. 그리고 예수님처럼 자기를 낮추고 섬기는 모습을 이웃들에게 실제로 행해 보여야 한다. 그러나 영혼구원을 위해서라면 우리는 반드시 뜨겁고 간절하게 하나님께 기도해야 한다. 이런 실천적 삶을 통하여 영적으로 무르익었을 때 언어로 복음을 전하는 것이다. 이런 과정들 전체가 바로 온전한 이웃사랑인 것이다.

영혼사랑의 실천적 방법들
❶ 비움과 나눔

이웃사랑의 출발은 그리스도의 사랑이다. 그리스도는 비움의 원형이시다. 목숨까지 비우셨다. 그리고 사람들을 살리셨다. 나눔인 것이다. 우리는 그리스도를 따라 나누어야 한다.

1. 예수님조차 모든 것을 비우지 않으셨다면 그리스도가 되실 수 없었다. 예수님은 어디까지 비우셨는가? (빌 2:7)

2. 예수님은 하나님과 동등한 분으로서 종이 되셨다. 우리는 예수님으로부터 무엇을 배워야 하는가? (빌 2:5-6)

3. 그렇게 주님을 따라 자기를 비운 사람은 어떤 것으로 증명할 수 있어야 하는가? (눅 14:33)

4. 진실한 나눔과 구제는 어떤 결과를 가져오는가? 고넬료의 예를 들어 설명하라. (행 10:43-44)

영혼사랑의 실천적 방법들
❷ 낮춤과 섬김

섬김은 의무가 아니라 이웃을 향한 그리스도인들의 기본적인 삶의 자세이다. 특정한 행위 이전에 낮춤과 섬김의 자세가 되어 있어야 자연스러운 것이 되고 당연한 것이 되는 것이다.

1. 우리의 섬김은 그리스도의 섬김이어야 하는데 그 섬김은 어디까지의 섬김이었나? (빌 2:8)

2. 그리스도의 섬김은 대속물로서의 섬김이었다. 그러면 이웃사랑은 어떻게 이루어져야 하겠는가? (마 20:28)

3. 예수님은 그리스도인의 섬김의 원리를 무엇으로 설명하셨는가? (막 9:37)

4. 참된 섬김이 일어나려면 마음으로부터 시작되어야 한다. 형제와 이웃을 어떻게 여길 수 있어야 하는가? (빌 2:3-4)

영혼사랑의 실천적 방법들
❸ 구원을 위한 간구

사람의 구원은 우리의 노력으로 되는 것이 아니라 성령님의 능력으로 되는 것이다. 그렇다면 우리의 나눔과 섬김의 마침표는 무엇이겠는가? 그것은 영혼을 위한 간구이다.

1. 우리가 원수를 용서하고 사랑하며 박해자를 위해 기도해야 하는 이유는 무엇인가? (마 5:44)

2. 저주하는 자를 축복하고 모욕하는 자를 위해 기도해야 하는 이유는 또 무엇인가? (눅 6:28)

3. 우리가 원수를 위해 기도할 수 있는 근거는 어디에 있는가? 그리고 그 목적은 무엇인가? (고전 6:19-20)

4. 이웃 영혼을 위한 기도는 어떻게 이루어져야 하는가? 수로보니게 여인의 이야기로 설명해보라. (막 7:28-29)

영혼사랑의 실천적 방법들
④ 복음 전파

나눔과 섬김과 간구와 복음전파는 순서가 있는 것은 아니다. 다만 단계로 보면 복음전파는 맨 마지막에 행할 때 더욱 효과적이고 복음의 본질을 잘 깨닫게 만드는 방식일 것이다.

1. 전도로서의 복음전파 이전에 모든 그리스도인들이 공통적으로 행해야 할 것은 무엇인가? (빌 1:27上)

2. 복음을 전파하는 능력 중에서 가장 핵심적인 능력은 무엇이겠는가? (살전 1:5上, 약 1:22)

3. 복음은 박해를 당해도 전파되어야 하는데, 이웃사랑과 맞물려서 어떨 때에도 전해져야 하는가? (살전 2:2)

4. 성경은 이웃사랑, 영혼사랑, 언어를 통해 어떤 식으로 복음을 전파하라고 강조하고 있는가? (딤후 4:2)

영혼사랑의 실천적 방법들
❺ 핵심요약정리

1. 예수님의 비움인가, 바리새인의 비움인가?

그리스도인의 나눔은 가장 낮은 곳으로의 비움일 때 충만해질 수 있지만 자기 공로로 생각하고 나눈다면 아무 의미가 없어질 뿐 아니라 오히려 바리새인들처럼 외식하는 사람이 될 수도 있음을 깊이 깨달아야 한다.

2. 남을 낮게 여기지 못하면 참된 섬김은 불가능하다.

참된 섬김은 예수님께서 십자가에 달리셔서 대속물이 되어주신 것처럼 충분히 낮아져서 섬기는 것이다. 어린아이를 영접하듯이 자기를 낮추지 못하면 섬김은 일어날 수 없다. 다른 사람의 장점을 발견하고 자기보다 낮게 여길 수 있어야 한다.

3. 이웃 영혼을 위해 얼마나 간절히 기도해 보았는가?

원수와 박해자와 저주하고 모욕하는 자를 용서하고 기도해야 하는 이유는 이웃들이 그리스도의 사랑을 깨닫게 하고 하나님께는 영광을 돌려드리기 위해서이다. 그 기도는 무엇보다 더 간절한 기도여야 하는데 성령님의 능력으로 가능해진다.

4. 보이는 이웃사랑은 가장 강력한 복음전파이다.

이웃사랑의 최종 목적은 복음이 전파되어 그들의 영혼이 구원받는 것이다. 말로 하는 복음보다 삶으로 보여주는 복음이 훨씬 강력하고 구체적이며 효과적이다. 모든 어려움을 다 감수하고라도 이웃을 사랑할 때 복음은 확실하게 전파된다.

영혼사랑의 실천적 방법들
❻ 나눔과 적용

이웃을 위해 무엇인가를 나누고 섬기는 것으로 이웃사랑의 의무를 다했다고 생각하기 쉬울 것이다. 또는 특정한 때에 특정한 장소나 환경에서 봉사하고 나누는 행사들을 통해서 이웃사랑을 행했다고 생각하기도 쉬울 것이다. 그러나 여태까지 살펴본 바와 같이 이웃사랑의 참된 목적은 바로 이웃의 영혼구원이며 우리의 삶으로 복음의 본질을 전해주는 것임을 생각한다면 우리의 이웃사랑은 우리의 삶 가운데에서 자연스럽게 매일같이 일어나야 하는 원리임을 알 수 있을 것이다. 사도 바울을 세상의 빛으로 부르신 것처럼 우리는 이웃사랑의 전 과정에 걸쳐서 세상의 빛과 소금의 사명을 다하라고 부름 받은 것이다.

1. 당신이 지금까지 생활 속에서 행해왔던 이웃사랑은 어떤 측면에 머물러 있었는가?

2. 이웃사랑의 전체 과정 중에서 당신이 가장 필요로 하는 부분은 무엇인가?

영혼사랑의 실천적 방법들
❼ 마무리 기도

사랑의 하나님 아버지, 오늘도 깊이 감사드립니다. 이웃사랑이 사실상 우리 그리스도인들의 특별한 삶의 방식인데 너무 그 의미를 모른 채 자기중심적인 신앙생활을 해 왔음을 고백합니다. 예수님께서 왜 이 땅에 오셨고 십자가에서 죽으셔야만 했는가를 너무나도 잘 알면서 예수님의 삶의 방식을 따르기보다는 구원받은 것에만 초점을 두었습니다. 그마저도 삶이 따르는 구원이 아니라 단지 죄에서 자유롭게 된 것에 국한된 구원의 개념이었습니다. 아버지, 이제는 우리의 구원을 이루어갈 수 있는 성숙한 신앙인으로 만들어주옵소서. 그래서 단지 이웃의 상황 속에서 그들이 되어주는 것 이상으로 그들의 영혼을 위하여 마치 우리 영혼을 돌보는 것처럼 사랑할 수 있게 해 주시옵소서.

하나님, 그것을 위해서 정말 예수님처럼 비우고 버림으로써 이웃들에게 나눔을 행할 수 있게 해 주시고, 나눔에서 그치는 것이 아니라 나눔을 통하여 겸손하게 우리를 낮추고 그들을 섬길 수 있도록 우리에게 길을 열어 주옵소서. 더구나 그렇게 우리에게 허락해주신 영혼들을 위하여 우리의 문제처럼 간절하게 기도할 수 있도록 해 주시고, 그러면서도 구원의 복음을 그들에게 직접 전할 수 있는 기회를 주셔서 성령님께서 우리의 이웃 영혼들을 충분히 감동시키게 해 주소서. 온전한 이웃사랑, 자연스러운 이웃사랑이 우리에게서 일어날 수 있도록 날마다 우리를 도와주시옵소서. 우리에게 구원의 큰 길을 열어주신 예수 그리스도의 이름으로 기도드립니다. 아멘.